日本経済大発展の理由《わけ》

深見　東州

toExcel
San Jose　New York　Lincoln　Shanghai

日本経済大発展の理由《わけ》

目　次

序章　経済の背景には固有の文化がある……11

戦後の経済復興のさまざまな要因　12
古代から受け継がれた日本文化の特性　16
「日本型」とは何か？　19
日本神道の学問的流れ　22
いのちを大切にする経営が生き延びる　24
日本のトップマネージメントの秘密　27
日本文化を理解するための一つの試み　29

第一章　あらゆる叡智を吸収する七福神思想……33

日本文化の中心に流れる思想とは　34
日本経済の特徴は七福神の思想　37
いろんな国の福の神をひとつの船に乗せて拝む　42

神道は汎神論ではない　44
日本人は神の宿る場所を選んで祈る　47
多神教が神道の本質　53
あらゆるものの働きの中に神を見出すのが神道　56
禅や阿弥陀信仰が日本に定着した理由　57
神道と儒教が日本で結びついた　62
日本の儒教は革命思想を拒否した　65
一人一人が命(みこと)を持って生まれてきている　67
日本人は腹の底でコミュニティに役立ちたいと思っている　69
世襲制は日本の伝統　72
天皇は本家、国民は分家　74

第二章　経済のピンチを乗り越える大国主の精神

品質管理の方法に神性を見出して成功した日本　80

ヨーロッパ文化もアメリカ文化も全て神様　82
日本はイデオロギーのドグマを持たない　86
負けても負けても立ち上がる大国主となれ　88
穢れを祓って蘇る日本人のバイタリティ　93
働くことが生きていることの証である　96

第三章　企業を発展させる神道経営論の極意……101

「中今の思想」が企業の発展力を生む　102
次々と新製品を生み出す日本企業　104
生命力とエネルギーあふれる旬の物　109
初物を喜ぶ日本人のメンタリティー　112
日本人は戦争の痛手をも水に流した　118
失敗は神の与えてくれた試練だと考える　121
日本人が普遍的に好む「中今の思想」　126

企業は生成化育進歩発展すること自体が尊い 127
神道の精神で成功した松下幸之助の経営哲学 130
民と共に生きるのが日本の天皇 134
アメリカ人に仲間意識を持たせたソニーの経営理念 137
マッカーサーわ感動させた昭和天皇 139
「天皇の存在感」を持った経営者が成功する 142

第四章　「和」の精神に学ぶリーダー論

第四章　「和」の精神に学ぶリーダー論……147
日本型のリーダーとはディナーのホスト 148
松下幸之助は「和」の精神を大切にした 150
日本人は世界の国々の衆知を集めることができる 154
絶対に主体性を失わない日本人 156
衆知を集められる度量が経営者には必要 157
松下幸之助を成功に導いた三つの要素 161

リーダーは明るくポジティブな「和」を導け　163

第五章　サルタヒコ式中小企業経営術　～神道経営論実践篇～……167

中小企業が支える日本経済の屋台骨　168
経営の神様は芸能の神様　172
いくつもの顔を使い分けるのが経営　174
はじめに販売ありき　178
開発は取締役をひきずり出せ　181
バランスシートを一日でマスターする　182
専門家をバカにしようとする努力が必要　188
労務管理は忍耐につきる　191
二台目三代目社長の問題点　195
絶対倒産しない方法　198

税金はキチンと払おう　203
バランス感覚のある企業が生き延びる　206

●序章●

経済の背景には固有の文化がある

戦後の経済復興のさまざまな要因

戦後の焼け跡から、世界第二の経済大国へと躍進を遂げた日本経済の発展ぶりには、世界中の人々が驚いている。それだけに昨今はバッシングも大きかったわけだが、その陰で「いったい日本の繁栄の秘密は何なんだ」という関心が、十数年来各国で持たれ続けてきたのも事実である。

この本を執筆している時点（平成七年後半）では、バブル以来の不景気の痛手がなお残り、日本は沈みかけたかに見える。しかし、自国を必要以上に軽視したり、過少評価したがるのは、日本人の悪いクセだと思う。今は、新たなる時代を迎えるにあたって、日本という経済社会自体が、過去50年間のウミを吐き出して、体質改善をしようとしているのだと私は見る。ちょうどオイルショックの時、資源がなかったという弱点ゆえに、他国に先がけて「軽・薄・短・少」への産業構造転換を成功させ、それが結果的に、その後の大発展への足がかりとなったように。

しばらくの時間はかかっても、必ず日本経済は再び世界のリーダーシップを取るようになるだろう。日本には、それだけの底力があるし、その底力は世界の識者たちが認めるところでもある。では、その底力の根源とは何か。その秘密をさぐっていくことが、本書のテーマである。

日本経済は、決して平板な道を歩んできたわけではない。常に時代の流れの中でさまざまな問題をかかえながら、そのつど困難を乗り越え、脱皮を繰り返して行ったのである。戦争に負けても、円高で打撃を受けても、エネルギー不足や産業構造の転換に際しても、いろいろな危機と直面しながらも、ギリギリのところで乗り越えて行ったのだ。ところで、歴史をひもといてみると、実はこうした傾向は戦後に限ったことではないことがわかる。明治維新のときもそうだったし、鎌倉時代も、聖徳太子のときもそうだった。

松下幸之助はこうした歴史を鑑みて、「日本は運の強い国だ」と言った。渡部昇一さんは、マイナスのものがしばらくたったら必ずプラスに動いているという「パラドクス」を指摘している。

それにしても、第二次世界大戦の敗戦で、日本は、経済の基盤そのものが失われるほどのダメージを受けたばかりではなく、いっときとはいえ、有史以来はじめて外国の軍隊の占領下におかれた。そうした意味では、かつて経験したことがないほどの大きな転換期だったといえるだろう。しかし、受けたマイナスが大きければ大きいほど、プラスに転換されたときのエネルギーの絶対量が多いという法則があるかのごとく、日本経済は見事に立ち直った。その理由は、さまざまな側面から考えることができる。

一つには、それまで維持していた植民地を失ったために、自分の国のことに集中できたということがあげられる。植民地があった頃は、国家予算を植民地政策のためにずいぶんとさかなければならなかった。たとえば、学校をつくるのにも、大阪や名古屋に帝国大学をつくる前に韓国に帝国大をつくっている。善し悪しは別として、電車をひいたり道路をつくったり、都市整備にも莫大な予算をつぎこんでいた。それがなくなったおかげで身軽になり、自国の再建だけを考えることができたのである。

戦後は、軍事的にはアメリカの傘の下に入り、軍事費の支出が抑えられたということもある。その分の予算を公共事業などにつぎこんで、それが経済が発展するバネとなった。これは、もともとはアメリカが仕向けたことだが、仕向けた当人も、まさか極東の島国が、自国の経済を脅かすまでに成長するとは思いもよらなかっただろう。それで、今になって「安保タダ乗り論」などと言って、いろいろなバッシングをかけてきているのだ。

もちろん日本は一夜にして経済の発展をとげたわけではない。朝鮮戦争の特需で景気にはずみがついたとか、池田勇人の所得倍増政策が成功したとか、いろいろな局面でのプロセスを踏んでいる。そのときどきの政策がおおむね的を得たものであったということもできる。資源がなかったということもプラスに転換し、一丸となって他国の国民の何倍も働いて工業化を成功させた。また、通産省と議員とが一つになり、あるいは官民一体となって、「日本株式会社」といわれる体制をつくったことを指摘する人もいる。

日本経済が発展してきた理由は、いろいろな要素が複合的にからんでおり、さまざまな角度から分析することができる。その一つひとつは、皆それぞれに真実だろう。

しかし、その根幹を深く理解しようと思えば、やはり日本人の文化、日本文化の特質というものを抜きにして語ることはできない。というのは、広い意味での日本文化というものがあるからこそ、それをベースにした日本経済固有の特色が出てくるからだ。（ここで「広い意味での日本文化」と書いたのは、学問や芸術といった狭い意味ではなく日本人のものの考え方、土壌、営みの底にあるものなどを総称した意味で「日本文化」と使っているからである）

系列化や年功序列ほか、日本型企業の特色といわれるものはいろいろある。そしてその奥には、広い意味での日本文化がある。日本経済の型が、西欧の経済の型と違っているとすれば、それは日欧の「文化の差」に原因があると言えるだろう。すなわち、日本経済の発展の秘密をとく鍵は、日本固有の文化の中にこそあると言えるのではないだろうか。

古代から受け継がれた日本文化の特性

文化というのは、共同体の規範として育まれていくものである。古代の人たちは皆、国家発生以前からそれぞれ共同体をつくり、共同体の中で生きて、その共同体の文化を引き継いでいった。

ところが、一つの共同体の利害が他の共同体の利害と対立すると紛争が起きる。それが大きな戦争に発展すると、共同体はばらばらになってしまい、受け継がれてきた文化も滅んでいくことになる。たとえば、古代にはヨーロッパにおいても、今のキリスト教文化とはまったく違う文化があったのだ。ゲルマン民族などは部族ごとに氏神を持ち、部族の長は「氏神の子孫」とされていた。先祖崇拝や自然信仰を中心とした、素朴な文化が存在していた。ところが、戦争や外敵からの侵略など、様々な要因によって共同体が壊れると同時にこうした文化も途絶えてしまっている。

ばらばらになったものを違う形でまとめるためには、新たな結集軸が必要になる。そこで、新しい共同体の理念としてつくられたのが非先祖神をまつる、いわゆる「高等宗教」である。宗教は英語では「リリージョン」という。「リ」は再び、「リジョン」はつながるという意味である。

一つの考え方、思想で、人々を、民族をまとめていくという必然性から宗教がうまれた。これがキリスト教であり、イスラム教である。仏教も基本的には同じことだ。世界宗教と呼ばれるものは全て、共同体を世界的な広がりの中で再編する必要性ができたので広がっていったのである。

日本の場合は、海に囲まれていたから外敵から侵略されることもなく、共同体が存続し続けた。同時にその固有の文化も連綿と受け継がれていった。それは、自然と神と人間とが一体となった素朴な自然信仰を中心にした文化だ。こうした価値観は、宗教発生以前には世界中の共同体が持っていたものなのである。日本の文化の特色の一つは、古いものが素朴な形でずっと残っているということだ。

もちろん、秘境のようなところでは、古代からの共同体が崩れずに、固有の文化をずっと受け継いでいるところはある。しかし、日本の場合は、古代から連綿と伝わるものを残しつつ、他の新しいものもどんどん吸収していったのだ。これは、世界の中でも非常に珍しいケースだといえるだろう。

「日本型」とは何か？

では、古代から連綿と続いてきた日本文化の中心となっているものとは何だろう。結論から先にいえば、それは神道なのである。

鈴木大拙が、次元の高いすばらしい著作で禅を世界に紹介したことから、一時は、日本の文化は禅だということがいわれた。禅は当時のカウンター・カルチャー、ヒッピー運動とも結びついて、精神の自由という面から、世界的な大ブームを引き起こした。その後シャーマニズムがブームとなり、そこから神道が注目されるようになる。

近年はアメリカやイギリスの学者が別な角度から神道に注目している。たとえば仏教は、インドで起きたものだが、インド仏教と、中国仏教と、日本仏教とは違うものだ。あるいは儒教にしても、中国型の儒教と、韓国型の儒教と、日本型の儒教とは明らかに違う。そうした「日本型」なるものとは何なのかということを考えたとき、有史以前からずっと続いている日本古来の神道というものが、その根幹にあるということに行き着いたのである。神道と結びついている部分があるがゆえに日本型仏教、日本型儒教、日本型老荘思想というように「日本型」という一つの形になるわけだ。そして、「日本型経営」もしかりである。

神道こそが、古来からの共同体の中で、ずっと育み続けられてきた日本人の文化的特性であり、行動原理なのだ。ただし、神道といっても、曖昧模糊としてわかりにくい部分がある。いわゆる「宗教」とは異なり、素朴な信仰をそのままの形で伝えている日本の神道には、はっきりとした教義もなく、教典も存在しない。神道そのものというより、神道の精神、あるいは神道的なフィーリングが無意識のうちに日本人の考え方の根幹を担っているといったほうがいいだろう。それが表に現れたり、また隠れたりという形で、日本文化の中を伏流水のごとくずっと流れているのである。

神道は歴史的に、仏教や儒教など、ほかのものとつながっては日本型に変えていく「触媒」のような役目を果してきた。だから、日本文化の特質を理解するためには、神道とそれら一つひとつの結びつきというものを具体的な事実の中から検証していく作業が必要となる。この点については第一章で詳しく見て行きたいと思う。

神道と仏教のつながり、神道と儒教のつながり、あるいは、老荘思想もそうだ。道教というのは、公的に日本に入ってきたものではないが、御札や行法などの形で神道の中にいろいろ取り入れられている。神道と老荘思想、神道と中国文化、神道とヨーロッパ文化、神道と科学文化、そうしたいろいろなものとの結びつきを見ていかないと日本文化の特性である神道の精神は見えてこないだろう。

日本人はさまざまな文化を吸収してきたが、その全てを取り入れたわけではない。たとえば、これほど大きく中国文化の影響を受けながら、纏足（てんそく）や宦官制度も入れなかった。儒教を吸収しても孟子の革命思想というのも入れなかった。日本古来の考え方、感性に基づいて、何を取り入れて何を取り入れないかを自然に選別しきたのである。そのようにして、全て「日本型」に直してきたのだ。

だから、仏教と結びついても本来の文化を失わずに仏教と共存し、儒教を受け入れながらも儒教と共存することができたのである。その文化の連続性を中心に担っていたのが神道の精神である。

資本主義にしても、欧米的な考え方の全てを取り入れたわけではなく、合わないところは選別している。つまり、日本型の資本主義なのである。だから神道とのつながりというところを見ていかないと日本経済の特性はわからない。具体的には、優れた品質管理や新製品戦略など日本型企業の特色となるようなことがいろいろあげられる。これについては、第二章、第三章で詳しく分析していく。

日本神道の学問的流れ

ところで、神道とは日本人のフィーリングそのものだから、日本人の歴史と同じだけ古くからあるのだが、驚くべきことに、いわゆる神道神学というものの研究が始められたのは、戦後になってからなのである。

これは、皮肉にも日本が負けたときに、米軍が撒いたビラがキッカケとなっている。そのビラには、キリスト教の教理がキチンとした形で説明されていた。このビラを見た折口信夫《おりくちしのぶ》は、アメリカでは、キリスト教の教学が体系づけられており、教育が行き届いていることを知り、神道もキチンとした体系を作る必要があることを痛感した。

民族の精神的なバックボーンが学問的に整理されていないことが、戦争に負けたことと深いレベルで相関しているのかもしれないと折口信夫は考え、神道神学というものの端緒をつくりあげたのである。

これを引き継ぐ形で、小野祖教という人が、さまざまな文献を学問的に分類整理した。これが組織神道学といわれるものである。しかし、神道の学術的な整理は現在でもあまり進んでいるとはいえない。これが神道の現実なのである。

文化というものは、その中にどっぷりと浸かっている間は、特に意識する必要がないものだ。共同体の成員にとって、自分たちの文化はごく自然なあたり前のものにすぎない。ところが、外国文化と触れたときに自分自身というものがはっきりする。神道という言葉自体も仏教が入ってきたときに、今まで自分たちが自然に信仰していたものをはじめて意識して、仏教と区別するために名付けた呼び方なのである。

これからの時代、世界各地との交渉や交流はますます深くなり、異文化と触れる機会も多くなっていくだろう。それを契機として、日本人が日本文化というものを自覚していくことになると思う。そのとき、自分たちの文化の中心には神道があり、それが他の宗教や文化、芸術、社会体制など、いろんなところに結びついているというところをみないと、ほんとうの意味の日本の文化というものが見えてこない。そういう意味で、これからの時代、あらためて神道というものがとらえ直される必要がある。学問としての神道の研究もさらに深められることを期待している。

いのちを大切にする経営が生き延びる

神道の精神が、どのような形で経済の中に反映されているのかということを、「命」というものの考え方を例にとって考えてみたい。

仏教は基本的には、「涅槃寂静」ということを究極の目的としている。つまり、自分の内的な世界をみつめて精神的な自由と幸せを得るための宗教だといえる。だから、仏教においては命の救済という場合、本来は自分というものの救済が主なる目的となっている。

しかし神道の場合は、個人のことよりも自分の命が先祖から代々受け継がれてきたものであること、そして、子々孫々連綿として受け継がれていくものであるところに価値を見出している。だから、お盆やお正月には先祖を祭り、迎え、その先祖の大先祖である神様も一緒にお迎えした。これは仏教伝来以前からの日本人の習慣だったのである。日本に渡来した仏教は、そうした信仰を取り入れながら「日本型」仏教となり、人々に受け入れられるようになったのだ。

この「命」というものに対する考え方は、企業の中ではどう生かされているだろうか。たとえば、日本の企業は、会社が子々孫々受け継がれていくということを大切にするから、ゴーイングコンサーン（企業が存続していくこと）に第一の価値を置いている。理念としては、どこの国の会計原則を見ても、ゴーイングコンサーンを重視すべきだとなっているだろう。しかし、日本ではそれが至上のものとして実践されているのだ。だから、利益が上がるとまず内部留保で投資に回し、次に役員の給与、次に配当という順に分配していく。社員の給料、取締役の給料は比率から見て欧米よりはるかに少ない。株の配当もなるべく少なくし、内部留保を設けて投資に持っていくのが一般的だ。

これに対して、欧米の企業の場合は、会社が儲かると、まず役員が当然の権利として、膨大な給料と株の配当を受け取る。会社はあくまで個人の利益を追求する道具だと割り切っている。経営の展望も、非常に短いタームで考えている。

日本の企業と欧米の企業は、基本構造からして違うのである。マレーシアのマハティール首相は、日本型の企業のほうが発展性と将来性はあると指摘している。

日本人は、会社というコミュニティの命が連綿と続いていくことを前提として、その中に自分の命があると考える。全体の命が進歩向上していく中に自分が貢献するのが自分の「使命」、つまり、仕事であり命だと考えるのである。

だから、会社のため、という忠誠心が何よりも重んじられる。重んじられるというより、会社の進歩発展に貢献できることが無上の幸せなのだ。これは、かつて村という共同体のために生きることが尊いと感じられたのと同じことである。長い文化の中で形成された日本人の本能といっていいだろう。このように日本型の企業は、神道の精神を中心とした日本文化の特徴をいろいろ持っているのだ。これについては、各章で角度を変えて説明していきたい。

日本のトップマネージメントの秘密

日本経済が神道的な精神に基づくものであることを、もっとも端的に示しているのは、経営者自身が信仰を持ち、神道的な精神を経営に取り入れているという事実である。

たとえば、松下幸之助氏があれだけの会社を成功させた奥にはやはり、神道精神が流れている。いろいろなことが言われているけれども、決してキリスト教的なマインドではない。これについては、三章で詳しく述べるつもりだ。

マックス・ウェーバーは、カルビン派のプロテスタンティズムが資本主義を形成したと分析しているが、日本型の資本主義というのはキリスト教的ではなくて神道的である。

松下幸之助氏に限らず、経営者には深い信仰心を持っている人が多い。西武グループをつくった堤康次郎氏は箱根神社の熱心な崇敬者で、出光石油をつくった出光佐三氏は熱心な宗像大社の崇敬者だ。京セラの稲盛さんは、生長の家の「生命の実相」を熟読しているし、土光敏夫さんは、生前、法華経を熱心に信仰していたことが知られている。

優れた経営者が信仰しているのは、仏教でも、神道化された日本型の仏教である。つまり、神道的なものを精神の奥、スピリットの奥に持ちながら、皆、無から有を築いてきたのである。

優れた経営者は、大きな観点から神道的な精神を学び、そのエッセンスを日々の経営の中に生かしているのである。

これは、成功している小さい会社のリーダーも同じことだ。

経営者というのは孤独なものだ。一つ決定を間違えれば、全社員を路頭に迷わすことになるし、自分も債権者に追われ、どん底の生活を強いられる。全ての責任を一人で背負っているのだ。だから、普遍的に身を置ける心の拠り所として、信仰というものを多かれ少なかれみんな持っているわけだ。神道的な考え方から導き出されるリーダーの条件については、第四章で考察してみよう。

日本文化を理解するための一つの試み

ここまで読んでこられて、「これは相当にユニークな経営論だ」と思った方もおられるだろう。たしかに、神道と経済の発展、あるいは経営とのつながりという視点を持っている人というのは経済学者にも神道学者にもいない。また、ほとんどの宗教家は、経済は不浄なるものだ、という考え方を基本的に持っているようだ。どこの宗教会議でも、経済の話は敬遠される。お金は不浄なるものだ、弱肉強食、優勝劣敗の経済原則は、宗教にはそぐわないものだと決めつけているようだ。

しかし、本当にそうなのだろうか。神道では、生活の中に生きるのを何よりも尊いことだとしている。だから、無意味な殺生はいけないが、肉も魚も食べることに制約はない。要するに、物を生かしていけば尊いという発想である。進歩発展的で明るい考え方なのだ。

特に、「生活の中に生きるものが、尊い」とする神道には、「経済は不浄」などという考え方はそぐわない。むしろ神道的な精神の土台があるからこそ、日本の経済は発展しているという発想のほうが神道の精神にかなっているといえる。私は、日本経済の発展の秘密は日本文化であり、日本文化の中心は神道であり、神道的な要素が日本型の経営、日本型の経済の発展の中心をなしているのだと考えていいと思う。

古来から、日本人は、神と人間が共生・融和し、自然と神が共生・融和し、人間と自然が共生・融和しているという世界観を持ってきた。これは、ギリシャやエジプトやローマの古代の人たちが持っていた信仰と基本的には同じだ。神道的な自然観、神道の精神は、かつては、世界中の人たちが持っていた人類の共通の価値観だったのである。

日本人の心の奥には今なお、そうした世界観が残っており、それが問題に直面したときに、それをバーンと乗り越えていくという脱皮力、活力、エネルギーとなっている。力を合わせ団結して、共同体の危機を越えていこうという一つの霊的なセンス、霊性になっているのだ。本書では、そうした今まであまり誰も言ってこなかった視点にスポットを当てて、日本経済を真っ正面からとらえて解説していこうと思う。

これまで、日本という国の特異性はいろいろ指摘されてきたが、その文化の中心もアウトラインも見えていなかった。いくら、禅を勉強しても、儒教を勉強してみても、日本型の産業構造を分析しても、日本文化の特性というものは、今一つクリアに説明しきれなかったように思える。それが、欧米の人から見れば、日本が自分たちとは異質なばかりでなく、奇異で恐ろしいものに思われてきた原因の一つだろう。しかし、日本の文化の中心にある神道の研究が進んでいけば、欧米人にとって日本経済は恐るべきものではなく、むしろ学ぶべき点も多いということがわかるだろう。それは、古代には欧米人の中にも共通してあったはずのフィーリングなのだから。

また、日本人も今まで無意識のうちに考え、行動していたことが、どういう根拠に基づくものであるかを考えることで、自分自身を知ることに役立つだろうと思う。

もちろん、これで日本文化の特性が全部解明されるわけではないし、これが、唯一絶対のものだと思っているわけではない。あくまでも、現段階での研究成果にすぎない。しかし私は、これを経営者であり、神道実践家である私のライフワークにしていきたいと思っている。

なお、五章では、特に中小企業の経営者の方のために、神道的な考えを実際の経営に役立てるためのノウハウを掲載した。中小企業には、大企業とはちがった経営理論と実際のノウハウがある。これは、私自身が会社経営に携わる中から得た実践的な経営術である。

日本の企業の99％は中小企業だ。つまり、日本の経済を支えているのは中小企業の経営者だといっても過言ではない。私は一千社以上の中小企業のオーナーを会員とする、株式会社「菱研」という経営コンサルタント会社の所長を務め、中小企業に活力を出していただくために毎月セミナーを開催している。本書を読んで興味を持たれた方は、ぜひ聞きに来ていただきたい。

●第一章●

あらゆる叡智を吸収する
七福神思想

日本文化の中心に流れる思想とは

最近では、経済学者による日本文化論もあれこれと出ているが、そんな中に今さら私がノコノコと出て行って、同じ内容をただ言葉を替えて主張したところで意味はない。私は経営者であるとともに、実践神道家でもある。だから本書では、他の人があまり顧みなかった視点から、なぜ日本だけが繁栄するのかという秘密を論じてみようと思う。序章にて、特に大事な部分の幾つかにはかいつまんで触れてきたので、重複する部分も出てくるが、ご了承いただきたい。

一国の経済活動の背後には、その国特有の文化のあり方が影響を及ぼしている。日本文化の特色については、既に色々な方が語っているわけだが、では、その中心を成すものといったら何だろうか。文化に中心なんかないと思う方もいるかもしれないが、私はあると考える。日本の禅や茶道・華道、「わび」「さび」「もののあはれ」などに代表される繊細な感覚はもとより、さまざまな日本文化の根底に流れ、日本人の行動原理・心理や国民性の原点を育んでいるものがあると思うのだ。

一言でいえば、それは神道《しんとう》である。

誤解しないでいただきたいが、私は軍国主義者でも右翼思想家でもない。私が言うのは、軍国主義にゆがめられた神道ではなく、それ以前にあったもっとナチュラルなものだ。その本質とすぐれた特質は、おいおい述べていくことにしよう。

ともあれ、日本という国の文化は、本質的に神道の考え方がベースとなって成り立っている。アメリカやヨーロッパの国々が、キリスト教の思想をベースに成り立っているように、である。

「いや、うちは代々仏教だ。神道なんか知らない」と言う人は多いと思うが、神道は一宗一派の宗教として存在しているのではない。

もともと仏教渡来以前は、神道という言葉さえなかったのだ。誰もが普遍的に抱いている〝日本人の感性〟そのものでしかなかった。宗教以前の人生観、生命観、自然観として、日本人の感性の中に連綿と受け継がれてきたものだった。それが、仏教が入って来たときに、区別する意味で神道と名付けられたのであって、普通にいう「宗教」とは意味が違う。だいいち、うちは仏教だと言っても、そもそも日本の仏教は、土着の信仰である神道的宗教観の上に吸収され、成り立っているのである。

したがって、仏教信仰は神道を駆逐する形で定着したのではなく、神道のフィーリングをベースに置きながら、その上に吸収される形で普及していったのだ。

現在の日本文化は、そういうふうにして構築されてきた。確かに一見すると、いろんな文化がこの小さな国土の上に混沌として存在しているように見えるが、実際にはそれらの根底には神道のフィーリングが脈々と波うっていて、ある種の統一性が保たれているのである。

経済もまたしかり。日本人は資本主義という外来の経済システムを受け入れつつ、私たちの心に内在する神道のフィーリングによって咀嚼し、日本独特の繁栄へと結び付けることに成功してきたのだ。

したがって、外国の方がいくら目を皿のようにし、頭をひねって日本経済の謎を探ろうとしても、システムばかりを見ていたのでは充分な理解を得ることは難しいはずだ。その本質に内在する神道的フィーリングを理解することができれば、一般の日本経済論とはまた違った形で、より深い理解が生まれると思うのである。

日本経済の特徴は七福神の思想

では、どんな形で神道的フィーリングが日本経済に影響を与えているのか、具体的に述べていこう。難しい話を始めたらきりがないが、最も基本的な部分をわかりやすく言うなら、まずは七福神の思想である。これについては、次回以降の出版でさらに詳しく説明するつもりだが、日本経済を語るためには欠かせない要素なので、この本でもふれさせて頂く。

七福神は家運隆昌、商売繁盛の縁起物として、置物になったり、絵に描かれたりして今も庶民に愛され続けているので、知らない人はいないだろう。七人の福の神が一艘の宝の船に乗りこんで、みんな楽しそうに笑っている。そして、私たちに七つの恵みを運んでくださるのだ。

それが経済とどう関係あるのかを述べる前に、まず七人の福の神をお一人ずつ紹介しよう。

まず、**毘沙門天**《びしゃもんてん》。これは貧乏を克服する神様である。もともと悪神だったが、改心して人々の幸せのために働くようになった。言ってみれば、「水戸黄門」の風車の弥七だ。もとは悪人だから、悪の手口は全部わかっている。だから頼りになるわけだ。

次に**弁才天**《べんざいてん》。弁才とは、弁舌と才能のことである。弁才天はまた弁財天とも書くが、文字を見ればわかるように、貝（お金）を集める才能が財。これを持っているかどうかで出世したり、名声を得られるかどうかが決まる。つまり弁財天とは、弁舌によって財を得る、出世の神様なのである。厳島神社を崇敬していた平清盛が大いに出世したのも、ご祭神の弁財天のご神徳をいただいていたからなのだ。

次に**大黒天**《だいこくてん》。大いに福をもたらす神である。お顔が真っ黒なのは、一生懸命汗水たらして働きなさいということだ。働けば働いただけの収穫をもたらす神であり、だから収穫を表す米俵の上に腰掛けて、アッハッハと笑っている。ところで、この大黒天を大国主大神と同一視する場合もあるが、それは江戸時代に大国主を祀る出雲大社が神仏習合となったときの名残りなのである。大国をダイコクに当てはめたわけだ。

次に**恵比寿様**《えびすさま》。タイを釣り上げている神様である。タイ釣りは非常に忍耐を必要とする。タイという魚は賢く、なかなか簡単に釣れるものではない。今日も失敗、明日も失敗、それでも挫けずに釣りざおを担いで出掛けていく。釣れないからといって、途中でヘラでもメバルでもいいや、というように妥協せず、ただジッと辛抱強く、タイがかかるのを待っている。これがタイを釣る人の醍醐味なのである。

そして、その忍耐と根気の末、とうとう釣り上げた。「やったあ、メデタイなあ」という言葉が、思わず口をついて出てくる。タイはメデタイとよく語呂合わせに使われるが、それは忍耐と根気の結果、釣り上げた喜びなのである。

したがって、恵比寿様は、商売に最も必要な「忍耐」を教えてくれる神様なのである。ちなみに私の出身地は、恵比寿信仰の本家本元、西宮戎の鎮座する兵庫県西宮市。したがって、とりわけ深い愛着を恵比寿様には感じている。西宮恵比寿は戎《えびす》と書き、自分を戒める戈《ほこ》、剣という意味を備えている。

次に**布袋様**《ほていさま》。お腹の大きな神様で、布袋腹という言い方はここから来ている。布袋様は背中に袋を背負っている。中には何が入っているかというと、実は「いろんな人の言い分」が入っている。

「あんたはこう言いたいのか、ほう、そっちはこう言いたいんだな、わかったわかった」といって袋に積みこみ、軍配を掲げていらっしゃる。相手の言い分を充分に聞いた上で、こっちが正しい、あっちが間違っていると大きな腹にポーンと納め、正しい裁きを行うのである。

次に福禄寿《ふくろくじゅ》。おでこの長い神様で、外法様《げほうさま》とも呼ばれている。福禄寿の福とは幸運のこと、祿はお金、寿は寿命のことである。つまり、恵みを与えてくださる神様なのだ。

最後に紹介するのが、これまたおでこの長いことで知られる寿老人《じゅろうじん》。おでこの長さは知恵があるということである。知恵があるからこそ、物事を進めていく上において、頭を下げることができる。眷属に鹿がいるが、鹿も角があるからこそ、森を歩くときには頭を下げる必要があるのだ。

以上が、宝船に乗った七人の福の神である。

日本人の精神の中には、七福神の思想がある

いろんな国の福の神をひとつの船に乗せて拝む

この七福神の中で、メイド・イン・ジャパンの神様、つまり純国産の神様は恵比寿様だけである。ところが、恵比寿（戎）という言葉は「外国の」という意味なのだ。頭がこんがらかりそうだが、つまり、あくまで日本神話の神様なのだが、そのキャラクター設定が外国神だということである。ちょうど日本のテレビ番組のヒーローであるウルトラマンが、設定ではＭ78星雲人となっているのと同じである。

その他の神様は、毘沙門天、弁財天、大黒天がインドの神。布袋様、福祿様、寿老人が中国の神である。七福神というのは、インド製が三神、中国製が三神、そして日本製が一神という構成になっているのだ。

つまり、国籍に一貫性のないこれらの神々を、日本人はまとめて福の神として信仰して来たのである。それぞれのアイデンティティなんて、別にどこから来たものだろうといいじゃないか、全員福の神で、それぞれにいろいろな恵みを人に与えてくれるんだから、仲良くいきましょうよ、という具合である。

そして、七福神もバラバラじゃお困りでしょうから、ひとつ乗り心地の良い船を作りましょうということで、龍の形をした宝船をこしらえてしまう。それぞれアイデンティティは違うだろうけれども、ま、これでひとつ仲良くやってください、ということなのだ。

こういう考え方を、日本人は抵抗なく受け入れることができてしまうのである。これがアラブだったら大変なことになる。いろんな宗教の神がひとつの船に乗ろうとしたって、あの神はどこそこの国だから、この神はあちらの国のものだから、というふうにケンカが始まってしまうのは目に見えている。

昔から、日本の神道には、海の彼方からやって来るものを神様として迎え入れるという伝統がある。たとえば三輪大社などがそうだ。海の彼方からピカピカ光ってやって来るものがある。それが、大国主命の幸魂《さちみたま》、奇魂《くしみたま》（いずれも、魂の一面）だった。それをお祀りしたのが三輪大社である。

このように日本人は、海の彼方から来るものは神なるものなんだと思ってきた。だから、恵比寿（戎）様が「外国の」という意味だというのも、尊いものは海の彼方からやって来るというような、日本人のひとつの信仰形態を表わすといわれている。

とにかく、出身がインドであろうと、中国であろうと、いいものはいいじゃないか、というのが日本人の信仰形態なのである。宗教的なアイデンティティの差だとか、宗教教理の論理性などもあまり関係がない。

仏教だろうが、儒教だろうが、老荘思想だろうが、いろいろな外国の素晴らしいものをそれぞれ福の神と考え、一つの船に乗せて仲よく拝んでいる。これが七福神の思想であり、神道の一つの本質なのである。

神道は汎神論ではない

神道の本質については、いろいろな学説が出ている。たとえば、神道とは統率のとれた多神教である、という学者さんがいる。また、いろいろな神道の祭礼の方式は、中国や韓国やインドやシルクロードから来たものであったりして、日本独自のものはない、とする説もある。ただし、それらが有機的につながっているつながり方に特色があるのだ、というのである。

いろいろあっていいのだが、最近、比較的多くの方が口にされている説に対して、私なりにひとこと言わせていただきたいものがある。それは、筑紫哲也さんや佐伯彰一さんなどが論じている「神道というのは、山に神様があり、海に神様があり、湖に神様があるようなものだ」という、いわば汎神論《はんしんろん》に対してである。

汎神論には三つの種類がある。一つは、仏教で言うところの、「森羅万象これことごとく仏性が宿るなり」と同じで、この世の全てのものに神が宿っているという考え方だ。神道学者の中にもこの立場を取り、大自然には全て神様が宿っていると言う方もいる。

もう一つは、超越的な神なるものが万物をお生みになり、そこに神の見えざる手が全部行き渡っているという考え方。万物の背後には、それを作った絶対神の存在があるというものだ。

もう一つは、私もそうだが、あんなに弱い阪神タイガースにもファンがいて、期待すれば負けるし、あきらめたら勝つという、これが阪神論……いや、これはジョーク。

しかし、神道は決して汎神論ではないのである。筑紫哲也さんの理解でも、神道のアニミズムやシャーマニズムの要素をとらえている。確かにそういう要素はあるけれども決してそれだけが本質ではない。

というのは、日本人はたとえば実験動物のネズミを供養したりする。キリスト教圏のヨーロッパなどでは出て来ない発想である。実験に役立ってくれたからというので、ネズミでもカエルでも供養するわけだ。

それだけではない。長年使った針を供養する、針供養というのもある。白人から見たら考えられないことである。なぜ針まで供養しなければならないのかと悩み苦しむだろう。ゆくゆくは、入れ歯供養というのもできるだろうと私は思っている。あなたのおかげで私は物が食べられた、入れ歯さんありがとうという具合である。そのうち、アデランス供養なんてのもできるのではないだろうか。

確かに日本人は、すべてのものに命が宿っていると考えて大切にし、憐れみを持ってきた。だからといって、そういうネズミや針を、神様として崇めるかどうかである。供養はしても、神様とは思わないのが現実ではないだろうか。

ということは、あらゆるものに神が宿っているとは考えていないということである。万物の中から、神なる性質の見出せるものだけを選び、神様として祀っているのだ。したがって、神道を「あらゆるものに神が宿っている汎神論」ととらえることは、間違いなのである。

では、すべてのものに神の御手が行き渡っているという汎神論は、どうだろうか。日本には、最高の神様はいるが、オールマイティの神様はいない。したがって、すべてのものを一人で作った神というのは想定していないのである。

日本人は神の宿る場所を選んで祈る

岡倉天心が書いた『茶の本』という有名な本の中に、茶の湯の創始者、千利休の非常に興味深い逸話が紹介されている。

ある日、利休は息子の紹安《じょうあん》に露地の掃除を申しつけた。息子は熱心に働いて、庭には枯れ葉一枚落ちていないように完璧に掃除をすませた。そして、

「父上、掃除が終わりました。ご覧ください」

と言った。

ところが、利休はそれを見て、

「馬鹿者、露地の掃除はそんなふうにするものではない」

と叱ったということである。

なぜだろう。

利休は続けて、自ら庭におり立ち、掃除の見本を示した。すなわち、庭の木に歩み寄って、木々を揺さぶったのだ。

すると、紅や黄色に色づいた葉が散って、茶室の庭に舞い落ちた。

利休は、

「これが秋の庭だ」

と息子に教えたのである。

ゴミや塵は掃いて始末しなければならない。しかし、同時に完璧に掃除した中に季節を現さなければならないのである。秋の庭は秋らしく、冬の庭は冬らしくなければならない。それが茶の湯の哲学なのだ。

茶の湯は基本的には禅と道教から起きた。しかし、利休は神道の伝統的な儀式や作法をその中に取り入れ、我々のメンタリティーに則した、独特の世界観を表現する方法をつくりあげたのである。

茶の湯の中から生まれた生花でも、季節を感じさせることを重視している。秋に花を活けるとしたら、生花の師匠は「秋らしく活けろ」というだろう。

しかし、これこそ正確な秋だ、という物があるわけではない。完璧な秋というものは存在しないのである。

本当の秋というのは、過ぎ去った夏のシンボルが少しだけ残っている。そして、わずかに冬の兆候が感じられるはずだ。典型的な秋というのはないが、そうした中にこそ、本物の秋が表現されるのである。

生花の世界では、季節の感覚を大切にする。自然の生命力のいきいきとしたエネルギーを感じさせるのが、最高の作品なのだ。

そうした作品の中に、我々は何か神聖なものを感じる。それが我々の神に対する理解

茶の精神は、夏は夏らしく、秋は秋らしく

であると言っていいだろう。

日本の神様は、富士山や磐梯山や岩木山のように、美しい山に住むことを好む。これを「神坐《かみいま》す山《やま》」と我々は呼んでいる。山ならどこでもいいのではなく、日本人は、特別な山を選んで祈っているのだ。あるいは、特別なエリアの海を選んで祈る。

では、我々は山に祈り、海に祈っているのかといえば、そうではない。日本人は決して自然そのものを信仰しているわけではないのだ。

特別な山や海にいらっしゃる神様を拝んでいるのだ。しかし、その御神霊の姿は基本的には見えない。

姿、形は見えないけれども、あの森の奥にいらっしゃるんだということで森を拝む。姿、形は見えないけれど、山の上の不可思議な働きはわかる。同じものが時折夢に現れたりもする。ふだんは姿、形が見えないものが尊い神様だと理解していたのである。見えないところに神なるものを感じとっていたのである。

神という言葉の語源は、上のほうにいるからカミだというのが、現在学会では一つの定説になっているが、「隠れ身」と書いて神ともいう。神様というのは身を隠しているのである。

これに対して、初めてぼーんと露骨に姿をあらわしたのが仏教の仏像だった。見えないものに価値を見いだし、拝むということが習慣づいていた日本人にとって、これは一つの大きな衝撃だったろう。キリスト教では十字架にはりつけられたキリストの像やマリア像を拝んでいる。土俗的な宗教でも偶像崇拝をしているところは多い。

しかし、日本では基本的に尊いものは姿をあらわになさらない。だから、仏教でも日本型の仏教では、尊い仏様は秘仏として公開しない。神社でも御神体は御社の奥に置かれており、神主でさえ見ることはできないというところが多い。

あるいは、禅もそうだ。形はないけれども自分自身の中に内的な仏なるものを見ていく。禅が日本文化に深く根づいたのは、古来からの民族の習慣・体質に合っていたからだろう。見えないものの奥に神髄、本質、神なるものを感じとるのが日本の文化なのである。だから、我々は山や海を通じて、神の魂に祈っているのである。神々は自然の生命力やいきいきとしたエネルギーのある場所にいらっしゃる。そういう場所は、非常に美しく、神秘的な雰囲気を漂わせている。我々は、直観的にそれを感じ取り、祈らずにはいられなくなってくるのである。

多神教が神道の本質

汎神論と言えば間違いだし、アニミズムやシャーマニズムの要素はあってもそれだけではない。

では、神道とは何なのかというと、やっぱり多神教なのである。統一がとれているといえばとれているが、あくまで純粋な多神教であって、一つの神様で全部を説明しようとはしない。

もっとわかりやすくするために、世界の宗教を大きく三つに分けて説明してみよう。

一つは、超越的な神、あるいは絶対者によってすべてが創造された、という宗教。ユダヤ教、キリスト教、イスラム教がこれに当たる。

二つ目は、一即多《いちそくた》の宗教。これはインド系に多い。真言密教を見ても、胎蔵界や金剛界といった次元の仏界があるが、その元には大日如来がいらっしゃる。胎蔵界に四一四体、金剛界に一四六一体いらっしゃる仏様はすべて、大日如来からできていると考えるのである。

大日如来という一つの人格が根本にあって、それが胎蔵界と金剛界でそれぞれいろいろ仏様に化身している。だから、すべての仏様を束ねると、大日如来になる。一は即多であるというのはそういうことなのだ。

この考え方は中国にもあり、「一放万身」という言葉であらわされる。巻きこめば一つになるが、放てば八百万《やおよろず》になる万身。要するに、一つのものに束ねれば一という概念で収まるが、張り広げれば八百万に働く。八百万というのは、無数ということである。無数と同時に一に束ねていく。これも一即多の考え方だ。

神道にもこの考え方の人はいる。平田篤胤は、天之御中主を一の神と考えて説明しようとしている。本居宣長も、結びの神を一として説明しようとしているから、これも一即多であるといえるだろう。

三つ目は多神教である。私が所長を務めている菱研（経営コンサルティング会社）で、『歴史の終わり』などの名著で知られるフランシス・フクヤマ先生をシンポジウムにお

招きした折、

「タオイズム（道教）と神道はどう違うんだ。よく似ているじゃないか」

という質問を受けたことがあった。

道教と神道の違いはどこかというと、天という一つの概念で全てを説明していこうというのが道教である。これはきわめて中国的な発想であり、儒教でも老荘思想でも天の思想がもとになっている。

天を統括しているのは、天の天帝。北極星がそうだといわれている。それがオールマイティに働いていく。したがって道教は一即多の思想なのである。

日本の神道の場合はそうではない。天照大御神も、太陽神ではあるがオールマイティではない。会社でいうならば、一応代表権はもらっているけれども、それ一つで全部は束ねられない。代表ではあるが、オールマイティではないのだ。

天照大御神に負けないくらいの、須佐之男大神の働きもある。月読大神の働きもある。この三柱はあわせて三貴神と呼ばれている、役割を分担した神々なのだ。

神道の神々というのは、こういうふうに働いており、つまり典型的な多神教なのである。

あらゆるものの働きの中に神を見出すのが神道

多神教としての神道の本質を、もっと詳しく説明しよう。

結論から言うと、個別の物性の中に神性を見出すというのが、神道の考え方なのである。

たとえば、水なら水という物質の働きがある。その物質の働きの中に、ミズハメの神という神様を見出す。土なら土の働きの中に、神様を見出す。

そういった個別の物性、すなわち物の性質や働きの中に、霊妙なるもの、神性、スピリチュアルなものを見出す。それが神様の名前になっているのである。

水や土ばかりではない。火もそうだし、樹木でも同じだ。国土も神様だし、宇宙の天体もそうである。太陽の持つ物性や働きの中に見出した神様が天照大御神であり、月の働きに見出したのが月読大神、地球の働きに見出したのが須佐之男大神ということになる。

そればかりか、ウンコやオシッコの中にまで神様を見出す。ウンコという物性の中に、ハニヤス姫やハニヤス彦という神様がいらっしゃるということになるのだ。人間の肉体のあらゆるところにも神を見出す。男性器や女性器にもだ。なにも大自然ばかりが神ではないのである。

針供養するのも、針がそのまま神様だというのではなく、針という働きや役割の中に、神性や霊性を見出し、ありがたいという気持ちを抱くからである。

とにかくそれぞれのものが持つ個別の物性、あるいは役割に対して、そこに神性を見出していく。それに名前をつけて、神としてお祀りするのだ。

だから、神様の数は増える一方で、少なくならない。それらを知性によって、天や絶対神といった一つの概念で結びつけようとしない。これが、神道の特色なのである。

禅や阿弥陀信仰が日本に定着した理由

ところで、日本文化の根本を「禅」だと見ている人々がいる。しかし、本家本元のインドや中国でほとんど絶えてしまった禅が、なぜ日本ではこれほど隆盛をきわめたのか。結論からいえば、神道という下地があってこそ、禅も受け入れられたのである。これは禅だけに限らない。日本には阿弥陀思想も儒教も老荘思想も入ってきて、皆それぞれの形で定着したが、それは日本文化の根本にある、神道というフィーリングに適合したからなのだ。

たとえば、鎌倉時代の執権・北条時宗は、元寇という日本の一大危機を迎えても、少しもひるまず号令を下し、これを退けた。「相模太郎、胆甕の如し」と後にいわれたが、それが禅で磨かれた見性の賜物だったことは、ご存知の方も多いだろう。

また、南北朝期の英雄・楠木正成は宋学を学び大義名分を明らかにし、智仁勇を兼備して忠、孝、誠の輝く人物であったが、その彼にして、死ぬことがわかっている湊川《みなとがわ》の戦いに赴く際には、己の心に生じた迷いや葛藤を、なかなか断ち切ることができずにいた。そんな正成公が、湊川への道すがら、最後の教えを請うたのが、その地に名を馳せていた禅僧・明極楚俊であったのだ。禅師との問答、そして機を捉えた一喝によって、正成公は瞬間に悟りを得、迷いの雲も瞬時に晴れたのである。こうして、正成公は湊川のに赴き、一三ヶ所もの太刀傷を負いながら最後まで戦い抜き、帝への忠誠と臣たるものの道を天下に示しながら死んでいったのだ。その死にざまは同時代ばかりか、時をへだてて幕末にまで大きな影響をおよぼしたのである。

彼らがもしいなかったら、日本の歴史は全く変わったものとなっていただろう。いわば、日本という国の歴史を大きく左右するほど深く、禅は深く日本に根づいたのである。

この禅の思想は、元々インドで生まれ、中国で花開いた。達磨大師が中国に渡って、五祖弘忍大満禅師までは、まだいかにもインド的な緻密で理知的な禅だった。それが六祖恵能禅師になると、生活の中で薪を割り、コメをつきながら悟りを開かれ、これが中国禅の本当の起こりとなった。

しかし今、中国でもインドでも禅はほとんど絶えた状態になっているのだ。それに対して、日本には今、臨済宗、曹洞宗、黄檗宗という三つの禅の流派があり、世界一禅の盛んな国となっている。

また一方、法然、親鸞の説いた南無阿弥陀仏の思想も、日本に定着している。南無とは帰依するということだが、では阿弥陀仏とは何か。これは、親鸞の弟子が記した『歎異鈔』から理解しようとすると、誤解の生じる恐れがある。できれば、親鸞自身が四十年以上に渡って推敲して書いた『教行信証』をお読みいただきたいが、ここにははっきりと、阿弥陀如来とは大自然のことを言うと書いてある。したがって、南無阿弥陀仏とは「大自然に帰依する」ということでもあるのだ。これは老荘思想の、大自然のままにという思想とも通じる。

これらの思想がなぜ、日本に根付いたのだろうか。どういうわけかこれらの思想は、日本人の感覚にフィットするというか、フィーリングが合うのだ。体質に合うと言ってもいいだろう。

では日本人の体質とは何か。それは伏流水のごとく脈々と流れている、魂の感覚としての神道なのである。禅も阿弥陀信仰も、神道の本質に相通じる部分があるからこそ、日本人の体質にピッタリくるのである。

日本人は、禅という働きの物性の中に、神道の本質に近いものを見出してよくなじんでいる。南無阿弥陀仏も、無二なる神仏と一体化する妙感を味わおう、神仏の御加護を得ようという点が、日本人の神道的体質によくフィットしたのだ。

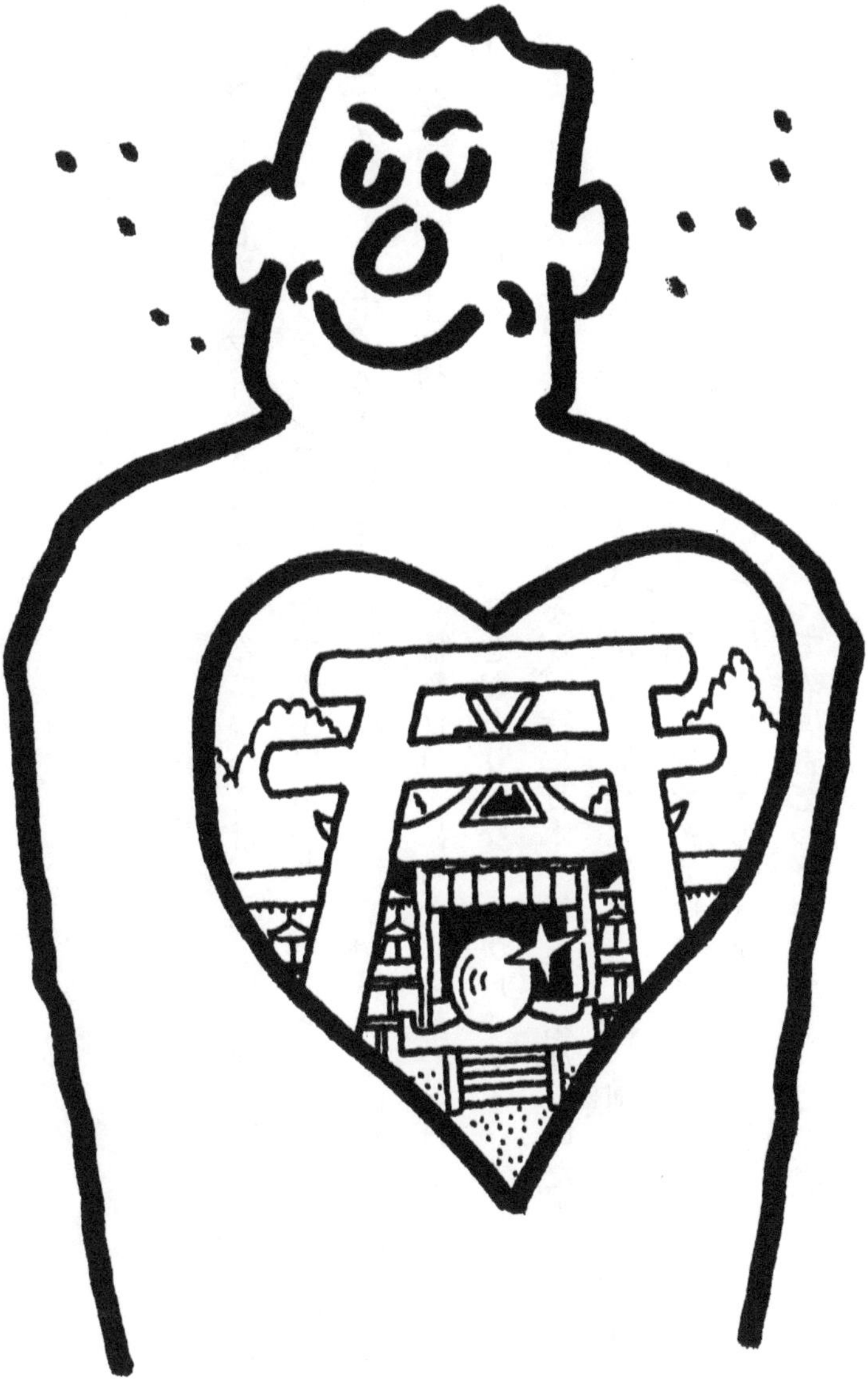

日本人の体質とは、『神道』である

神道と儒教が日本で結びついた

その裏返しとして、フィットしないものについては、上手に日本人は排除してきた。たとえば、これもフランシス・フクヤマ先生に指摘されたことだが、日本人は儒教を輸入したけれども、中国の儒教と日本の儒教はかなり性格が異っている。なぜかというと、応神天皇の頃に王仁博士によって、儒教が日本にもたらされたわけだが、その後聖徳太子が、神道と儒教と仏教のバランスをおとりになったからである。

儒教も時代によって変遷を遂げているが、特に日本で神道と結びついたのは、宋の時代の思想だった。宋代の儒教は、漢代に流行し唐代に集成された、訓詁《くんこ》学への反省に基づいている。要するに、字面を追って、細かい文字や意味などの解釈に走りすぎていたのである。だから、そういう細かいことばかり言うのではなく、もっと目に見えない本質を見ていこうというのが、宋代になっての反省だった。それで、この頃の儒家思想を、宋学あるいは理学と呼んでいる。

宋学を始めたのは、周濂渓と、程明道、伊川の兄弟、張黄渠といった方々である。彼らは「静を主とし人極を立つる」と言った。何が何でも仁・義・礼・智・信を実践しなければいけないのだ、と思っていると、いつも心の中がその思いに縛られて、ついつい形式張った考え方になってしまう。心にいつも波風が立っている。そういう「ねばならない」という強迫観念にとらわれずに、自然な心で仁・義・礼・智・心を実践している状態が望ましいのだ、というのである。

宋の時代と明の時代は、儒教と仏教と老荘思想が、うまくミックスされた時代である。だから、そういう老荘的、禅的な境涯が提唱されたのだろう。

「静を主として人極を立つる」の静とは、おのずから出て来るところの静かなるもの。それを主として、人倫の道の極を立てようと周濂渓が提唱して、それを程明道、程伊川、張黄渠が受け継ぎ、朱子がまとめたのである。ところが、朱子があまりにも理に行き過ぎていたため、もっと知行合一、道学一体であるべきだと説いたのが王陽明だった。

東京大学の前身のそのまた前身にあたる江戸幕府の昌平黌《しょうへいこう》では、朱子の『近思録』をテキストに用いていたが、その中に濂渓と弟子とのやり取りが出て来る。それによると、形骸だけに陥っているものよりも、目に見えざる本質を見ていかなければならない、とある。こうしなければならないからする、これはこういうものだからこうするといった、イデオロギーとか観念とかねばならない主義ではなく、ナチュラルにおのずから出て来る本質を見ていくのが本当なのだ。

こういった宋学と結びついてできた神道が、吉川惟足の吉川神道、別名理学神道である。これを学んだ人物に、江戸幕府の保科正之がいた。正之は会津藩の名君で、当時すでに老人福祉も社会福祉も実現させていた。朝鮮から来た使節が、これだけの福祉を行う名君がいることを知って驚いたということを、垂加神道の山崎闇斎が書いている。保科正之の影響で、会津藩は戊辰戦争のときでも最後まで幕府のために忠義を尽くして戦った。江戸時代に、どこの藩が親孝行な人が多いか調べてみたら、会津藩が圧倒的に多かったという。それが吉川神道を学んだ保科正之の素晴らしい功績であり、その気風はずっと現在まで続いているようだ。

他には、楠木正成公も、この宋学を学び、大義名分論を学んで、あれだけのことをなさっている。やはり字面ではなく、その奥の本質を学んでいらしたわけだ。

儒教という個別の物性、あるいは役割を見すえて、その中に神なる神性を見出し、咀嚼する。すなわち、神道的な感性によって、儒教の本質を見抜いていたのである。だからこそ日本には、中国とはまた異った儒教が発達したのだ。

日本の儒教は革命思想を拒否した

そして、儒教をもっとも神道的に咀嚼した結果として、革命思想を捨て去ったことが挙げられる。革命思想は、四書五経の中の『孟子』に登場する。斉の宣王が孟子にきいた。

「あなたの奉じる儒教では、自分の君主がどうしようもないやつだからというので、クーデターを起こして殺害し、政権を奪った湯王・武王を、名君として称えている。儒教は仁・義・礼・智・信を説いているはずなのに、桀王を討った湯王や紂王を討った武王を評価するのはどういうわけだ」

孟子は悪びれる風もなく、こう答えた。

「ああ、古の儒教に生きる人たちは、一度も君王をあやめたことはありません。ところで、仁や義にもとる人物はこれを一夫といいますが、一夫の紂という者を討ったとは聞いています。しかし、君主をあやめたことはありません」

はっきり言って、孟子のこの答えは詭弁である。日本人の感性には合わないのだ。昔から『孟子』を日本に運んで来る船は、必ず沈没したといわれるくらいに、『孟子』の中のこの部分だけは、日本人は非常に嫌っていたのである。

毛沢東の革命も、『孟子』のこの革命思想を論拠にしている。今の王朝は、既に人民を動物のように扱っていて、あれはもう君子じゃない、ケダモノだ。だから、殺していいんだ、と。

ところが、日本では、そういう考え方は受け入れられない。典型的なのが、松下村塾の吉田松陰である。松陰は『講孟夜話』という著の中で、真っ向から反論をぶつけている。中国ではそうかもしれないが、我が日の本ではこれは間違っている。もし、自分の主が横暴悪逆をしていたならば、臣下はこれを諫めねばならない。諫めて諫めて諫めたときに、逆鱗に触れて首を切られるとするだろう。そのときは、そのまま切られて死ねばいいんだ。これが日の本の道なんだ。それがだめなら、また次の人が行って諫め、だめならまた殺されるだろう。この思想である。

「忠ならんと欲すれば孝ならず、孝ならんと欲すれば忠ならず」という言葉もある。忠か孝かの選択を迫られたら、聖徳太子は孝を取れと言ったが、吉川神道の吉川惟足は忠を取るんだと言っている。日本の神道、すなわち惟神の道は忠を取るのである。これだけ宋学を勉強した人でも、神道と結びついて理学神道となれば、ちゃんと惟神の道にはずれた部分は排除しているのだ。

日本人は猿真似だ、などと言われるが、そうではない。神性を見出せたものは採り入れるけれども、そうでないところ、フィットしないところはちゃんと排除している。だから革命思想は日本の儒教にはないのだ。

一人一人が命《みこと》を持って生まれて来ている

なぜ日本には革命思想が定着しないか。それは、天皇という存在があるからである。

祝詞や詔勅を見ると、三つのランクがあることがわかる。一つ目は「天津神諸々の命以《もち》て」という祝詞だ。これは天津神《あまつかみ》、すなわち天にいます神々たちの命《みこと》である。命とは御言。命以ちてというのは、要するに命令、あるいは御言葉や御心を帯して、という意味だ。

次のグレードが「神漏岐、神漏美の命以て」。この神漏岐《かむろぎ》、神漏美《かむろみ》は、それぞれ男神と女神の総称だといわれている。すなわち神漏岐が伊弉諾尊などの男神であり、神漏美が伊弉冉尊、天照大御神といった女神である。

三つ目が「皇御孫《すめみま》の命以て」。皇御孫、要するに天皇の御言葉や命令を受けて、ということである。

いちばんグレードが高いのは、もちろん神様の御心を受けて、ということになる。私たちの命というものは、天の神々からの「あなたはこうやって生まれてきなさい」というミコトを持って生まれて来るから、ミコトモチというのである。天皇様は大がついて、オオミコトモチという。人間の命とはそういうものなのだ。

前にも述べたように、神道は個別の物性の中に神性あるいは霊性を見出す。それぞれに神様の名前を付して崇め、決して一つの神様の名前で統一しようとしない。新しい働きには、また新しい名前が付けられて、大事にお祀りされる。だから、神様は果てしなく増える一方である。

それればかりではない。個別の物性や神様が、生成化育、発展していくことが尊いというのが、神道の考え方なのである。賢くない人はもう少し賢く、賢い人はもっと賢く、天才的な人は超天才に、といった具合だ。ネズミでもカエルでも同じだ。昨日よりも今日の方が、今日よりも明日の方が、少しでも進歩向上している。そういう生成化育していく中に意義を見出しているのである。

日本人は腹の底でコミュニティに役立ちたいと思っている

私たちはミコトモチとして生まれて来たから、社会とかコミュニティなど、より大きなミコトが生成化育していくその尊さの中に生かされることが満足なのである。自分のサークル、クラブ、部署、会社、街、国…など、コミュニティをより発展させる、その

日本人は、人はもちろん、あらゆる物性の中に神の意識
（命《みこと》）が宿っていると考えている

ために役立つのが何よりうれしいのだ。

これを世界にまで目を広げれば、世界とか宇宙船地球号とかいわれる、その個別の物性の中に神なるものを見出し、その発展のために私たちが役立てられれば無上の喜びなのだ。これは、日本人なら誰でも腹の底に持っている感情ではないだろうか。

世界に貢献したい。日本人はバイブルも持たなければコーランもないけれど、何も他人から教えられずとも、本質的にそういう感覚を持っているのである。良い悪いは別にして、私はそれが日本人の本質だと思う。

渡部昇一さんは、日本は農耕民族だから、百姓の発想で国や政治を動かしている。ヨーロッパの狩猟民族のリーダーの立場と日本のリーダーの立場は違うんだ、と説いている。

まさにそのとおりだが、私は単なる農耕民族云々だけではないと思う。農耕社会の影響は受けているかもしれないが、その奥に神道の本質というものが存在する。そういう目で見てみたら、生成化育していく中に自分を生かすことを喜びとするという、ミコトの解釈があるわけである。

世襲制は日本の伝統

メイド・イン・インディアの毘沙門天、弁財天、大黒天を見ても、その働きの中に神なる性質と霊性を見出せば、日本人はそれでよしとして敬う。アイデンティティなんか関係ない。中国の布袋様、福祿寿、寿老人を見たら、その働きと役割の中に神性を見出して尊いと感じる。それが日本なのだ。

儒教の中にも神なる部分を見出す。しかし、神なるもの合わない部分は、ちゃんと排除する。

仏教に対しても同じである。奈良時代に「僧尼令」という、お坊さんと尼さんに関する法律があった。これが面白いことに、お寺の中にいて布教するのはよいが、寺を離れ、野山を跋渉して悟りを開こうとするのはダメだと禁じられているのだ。

しかし、仏教とは本来出家主義であり、出家をして悟りを開くのが本来の姿である。

寺で定住して生活させ、離れるのを禁じるというのでは、出家の本義に反するといえよう。つまり出家することを否定しているも同然で、それは本来の仏教のあり方ではない。だが、日本の感覚では、むしろそうでない方がよいのだ。自分の悟りがどうのこうのと言って野山をうろつくよりも、働きの中に神を見出し、きちんとミコトモチとしてコミュニティの発展のために生きるべきだという考えなのである。

神道では、生活に活きないものは尊重しない。だから、出家主義という仏教の基本的なところが、日本では最初のうち否定されたのだ。コミュニティの中にいる分には許す、外へ出たらダメだ、となる。最初はそういう形で仏教を咀嚼し、文化に採り入れていったのである。

だから、日本の仏教は独自の発展を遂げている。今、大谷派でも世襲制があたり前に行われているが、そういう考え方は、本来の仏教には存在しない。お釈迦様の時代にも、大乗仏教の中にも、まったく見当たらない。日本だけのシステムなのだ。

では、世襲制とは何だろうか。ひとつの伝統が、親から子へと連綿と受け継がれていくというそれは、皇室を見てもわかるように、まぎれもなく神道の考え方そのものなのである。

そうやって仏教もまた、働きの中の神なるものは生かされ、そうでないものは排除されつつ、日本で発展していったのであった。

天皇は本家、国民は分家

こういった、ミコトモチを生かす考え方は、天皇から国民を見たときも同じである。オオミコトモチである天皇は、ミコトモチである国民それぞれの働きの中に、神性を見出して尊いと感じる。だからこそ、天皇は自分の存在は国民と共にある、と思っておられる。

そしてまた、天皇がそうであるように、国民もまた浸すべからざるものを持っているからこそ、天皇は国民の一人一人を尊敬する。だからこそ、日本の天皇は城の中に住むことなく、国民と地続きの御所の中にずっといらしたのである。みんな仲良くいこうというのが、天皇のお考えなのだ。

面白いことに、武士の時代である鎌倉時代でも室町時代でも江戸時代でも、天皇は廃されなかった。源頼朝は初めて日本を全国的に平定した武士だが、天皇家は天皇家としてちゃんと尊重している。いったいなぜだろうか。

十二世紀に一時、日本は源平の派閥に二分されたことがある。実際には、源氏と、平氏と、藤原氏と、橘氏の四つ巴からなる勢力争いなのだが、大きく分ければ、源氏か平氏かということになる。

ところで源氏はもっとも有名な清和源氏が清和天皇から出ているのをはじめ、村上源氏・宇多源氏・花山源氏など、元の天皇様はちがってもすべて天皇家から出ている。一方、平氏も桓武平氏をはじめ、すべて天皇家の分家だ。ということは、源氏も平氏も本家は天皇家なのである。

源氏だろうが平氏だろうが、御先祖様は同じなわけで、天皇は言ってみれば本家のご長男に当たる。逆に天皇から見れば、源氏も平氏も分家の一員である。

本家は分家のことをいつも気づかい、分家は本家を立てていく。これも、お互いが個別の命の中に、それぞれの神性を見出しているわけだ。だからこそ、国全体に大きな意

日本人は、どんな時代にも天皇は本家、自分たちは分家と考えている

味でのファミリーとしての自覚ができ、そのコミュニティの生成化育発展の中で、お互いが生かしてもらえるのである。

　天皇家をないがしろにしようという為政者が日本に現れなかったのは、こういったフィーリングそのものが、まさに体質として受け継がれて来たからに他ならない。

●第二章●

経済のピンチを乗り越える大国主の精神

品質管理の方法に神性を見出して成功した日本

これまでの説明で、神道のものの考え方、そしてそれに根ざした日本文化の特長が、だいたいおわかりいただけたかと思う。では、それが経済にどう生かされているのかということを、具体的に述べていこう。

製品の品質管理のやり方について、アメリカのある博士が発明した方法というのがある。ところが、その方法は、アメリカでは誰からも顧みられることがなかった。

極論すればアメリカ人の発想というのは、自分は自分の責任を果たす、人のことは知らない、というものだ。だから、一人一人は自分なりに品質管理の努力はしているつもりなのだろうが、最後にでき上がった品質はバラバラなのである。それを整えるにはどうしたらいいか、というわけだ。

ところが、アメリカでは顧みられなかったその方法が、日本では大歓迎された。なぜかというと、「品質管理の方法論」という個別の物性の中に、神なるものを見出すことが日本人はできたからである。

その神性とは、製品作りに携わる者が、お互いそれぞれの自己主張はあるにしても、最終的には良いものを作るために、皆で意見を交換し合おう、というものだった。この方法論を導入してから、日本製品の質が、めきめきと良くなってきた。

発明者の博士はアメリカでこう予言している。四、五年もたてば、日本製品がウンカのごとくアメリカの国を圧倒するだろう、と。予言どおりに、今では優れた品質管理に裏付けられた日本製品が世界市場を席巻し、貿易摩擦さえ生み出すに至った。

結局、アメリカで生まれた品質管理のシステムは、本国では奮わなかったが、日本で大成功を収めたのである。ここに、本質的な神性を見抜き、こだわりなくその良さを取り入れる日本人の神道的体質が表れている。

関西大学の谷沢永一教授が、「日本人は解釈させれば世界一」とおっしゃっていたが、まさにそのとおりである。

仏教が渡来したときに、当代随一の解釈力で仏教の本質を見抜き、巧みに日本文化の向上に役立てたのが、聖徳太子だった。太子はただ盲目的に受け入れたのではなく、仏教に対する自説まで唱えているのである。まさに抜群の解釈力だと言っていいだろう。

儒教に関して力を発揮したのは、江戸時代の日本の儒家たちだった。伊藤仁斎、東涯親子の儒教に対する解釈は、中国に逆輸入されたほどで、当時の文献にもちゃんと残っている。

マルキシズムについても同じだ。宇野弘蔵先生の論考によるマルクスの『資本論』の解釈は、世界一だと折り紙を付けられている。おそらく欧米諸国では、もうだれも顧みないだろう『資本論』の研究を、日本では細々とでも受け継いで続けている。なぜなら、『資本論』の中に、資本論大神とでも呼ぶべき神様の働きを見出しているからである。変な神様ではあるけれども、昔は活躍した神様として、大切に残しているのである。

ヨーロッパ文化もアメリカ文化も全て神様

岡倉天心が『東洋の理想』という著書の中で、日本は世界文化の博物館だ、というようなことを述べている。禅でもそうだが、ある文化がその発生地ではとっくに失われていたとしても、日本に伝わっていればそれが必ず残っているというのだ。

なぜ残るのかと言えば、繰り返し述べてきたように、どんな働きや役割の中にも神なる神性を見出し、大切にお祀りするからである。そういったものが、長い年月を経て、日本文化の中に膨大な知識体系として蓄積されてきているのである。

これが神道の本質ではないかと、私は思うのだ。そうでなければ、岡倉天心が指摘したような、今の日本文化の博物館的状態は、説明できないはずである。

これは、近代における諸外国との交流を見てもわかる。

明治の頃は、軍事力がなければ、外国と対等に話し合うことはできなかった。軍事力の強化には経済の力も必要だ。それで、国を挙げての富国強兵策に取り組んだ。

日本はヨーロッパの文化を学ぶべく、伊藤博文他の岩倉具視使節団を派遣した。ところがビックリしたのは彼らだ。ヨーロッパの機械化文明の圧倒的な凄さに、すっかり打ちのめされてしまった。となると、日本人の常でたちまちヨーロッパ大神の誕生である。

「かけまくもあやにかしこきヨーロッパ大神様のいますガス燈及び石畳、あるいはまた蒸気機関車などの機械文明の諸々の八百万の神々たちの大詔のまにまに、かしこみ、かしこみ申す」

というように祝詞を挙げたかどうかはわからないが、ヨーロッパ文明の中に見出した神性を拝んで、一生懸命に学ばせていただいたのだ。最近はこの神様もすっかり老いさらばえた感があるが、それでも日本人は昔お世話になったのだからと変わらずにお祀りしている。

これが戦後になると、「かけまくもあやにかしこきアメリカ大神様」ということになる。荒ぶる神だが、大切な神だから怒らせてはいけない。それなりに功徳もあるので、みんなで大切に拝んでいるのである。

こういうふうに、日本における神様は増える一方で少なくならない。だれも顧みなくなっても、昔お世話になっていれば、絶えることなくお祀りし続ける。

かつてアメリカの大統領だったフォード氏が、現役時代にたくさんのセキュリティを連れて、京都の鶴屋という料亭を訪れたことがある。ところが、大統領を辞めてから来たときには一人だったたという。アメリカでは、現役を退いた政治家はあまり相手にされないのだ。これが日本なら、一度は首相の座に就いた人であれば、引退後も大事に扱う

日本は世界文化の博物館である

はずである。なぜなら、すでに神様としてお祀りした存在だからである。

日本はイデオロギーのドグマを持たない

台湾人の黄文雄という評論家は、日本経済の発展の秘密は神道だと看破している。神道のフレキシブルな感性が根底にあるから、日本の経済は発展するのだ、というのである。

これがアラブ諸国になると、六千年前から続いてきた自分たちの歴史に誇りを持ち過ぎて、現在の時代の流れに対応しきれていなかったりする。

日本も二千年以上の歴史があるけれども、昔は昔、今は今、昔も今も全てを尊いものと見ている。そういうふうにイデオロギーのドグマがないから、日本はフレキシブルにあらゆるものを吸収できるのである。

神道には「中今《なかいま》の思想」というのがある。昔のことにこだわらず、今の中に生きていることが尊いという考え方だ。

そこから、ミコトの解釈も生まれてくる。昔は昔、今は今、今の中にいることが尊い。したがって、人生の目的であるミコトを持って生まれてきた自分が、いかに今の時代や社会の生成化育の中に命を役立てていくか、という人生観が生まれるわけである。

これにともなって出て来る考え方に、穢れというのがある。天津罪や国津罪を犯すことによって、穢れが生じてしまう。神道ではこれをとても嫌うのだ。

だが、これはキリスト教で言うところの罪という概念とは、大きく異なる。キリスト教ではもともと人は罪人だということになっている。その原罪をとにかく早く清算した方がいいからというので、労働を行う。労働は人間が犯した罪への罰なのだ。だから、労働することは苦しくて辛いことだと、キリスト教徒は考えている。そして手にした資本は、もっと発展的に苦しみながら罪を祓うために、次の労働のために使おう、ということになるのである。このプロテスタンチズムが、資本主義発展のバックボーンになっていたのだ。

ところが、日本には罪を背負うという意識が薄い。罪を犯してもそれは穢れが生じたということであり、汚れたものは洗濯してきれいにしたら終わりだ、という感覚なのである。罪はその言葉のとおり積み重なったものなのだから、きれいに祓ってしまえばそれですむじゃないかと考えるのである。

つまり、穢れがあればきれいにして、いつまでも過去を気にせず中今に生きる。労働も中今において生成化育発展するためのものであり、労働観がきわめて明るい。つまり、日本人にとって労働とは、ミコトモチたる自分の使命を全うするためのものだから、喜びなのだ。

ここがわからないと、日本文化の本質も、また日本経済発展の秘密も、理解できないのである。

負けても負けても立ち上がる大国主となれ

穢れという概念について、もう少し話を進めてみよう。

たとえば、家族に不幸があったときなど、それが穢れになるので、お祭りに参加してはいけないと神社では言ったりする。これは、生死というものが尊いもので、それを顧みて恐れ謹むという感覚である。神なる部分だから大切にしようということなのだ。それと同じで、人間の生成化育、つまり命の誕生に関わる部分は全て尊い。神社でも男根だとか、女性の生殖器を型取ったものなどが、神様として祀られている。それなのに、女性の生理を穢れと呼んでいる神社もあるが、神道の考え方からすれば、本来それを穢れととらえたりするはずがない。おそらくは何か別の思想が入って誤解されてきたのだろう。

そもそも神道でいう穢れとは気枯れ、すなわち気が枯れることなのである。あるいは気が衰えると言ってもいいだろう。気持ちがしょぼんとしてしまい、神道が美徳とする生成化育のできなくなってしまった状態のことだ。

これに対して禊《みそぎ》信仰というのがある。禊というのは、気が枯れてしまったときに、自分をきれいにして清々しいエネルギーを蓄え、ミコトモチとして天照大御神をはじめとする神々様からいただいた命をよみがえらせて、生成化育発展するエネルギーを体一杯にみなぎらせていくことだ。

つまりここから、禊ぎ祓いの思想が出て来る。禊ぎを行って穢れを祓い、清々しい気を取り戻して、やる気と元気を奮い立たせるのである。

神道では、この穢れということをいちばん嫌うので、気を枯らさないように、いつも明るく、元気で、エネルギッシュにいくことを奨励する。これが神道の尊いところだと思う。とにかく生成化育発展していくことがもっともいいことなのだ。

日本人で感心するのは、いろんな艱難辛苦を経ながらも、それを超えてなおかつ気を枯らすことなく、大和魂と根性で生成化育発展していくことである。

私がいつも思い出すのは、大国主命の神話だ。お兄さんに共謀して殺され、母親のおかげでまた蘇ったり、ハチの室や蛇の中に入れられてもうダメだというときに、女性によって救われる。こんなふうに大国主は、決して強い英雄ではない。むしろ実力的には弱いと言った方がいいかもしれない。

しかし、そういう艱難辛苦があっても、不死鳥のごとく蘇って、また困難に立ち向かっていく。気を枯らさないで、やる気とエネルギーをうんと充満させ、生成化育進歩発展していく。これが素晴らしいと思うのだ。だから、無敵のヒーローではないけれども、最後は国土経営の神となったのである。

艱難辛苦に遭って、それに負けてしまったら何にもならない。映画『ロッキー』のように、やられてもやられても不死鳥のごとく立ち上がっていく。日本なら『巨人の星』というアニメもあった。艱難辛苦の中でも、めげずに「やるぞォッ」と大和魂を燃え上がらせ、やられてもやられてもまた蘇り、生成化育進歩発展していくのである。

だから、先の戦争に関しても、私たち日本人は原爆を落とされたからといって、アメリカを恨んだりはしていない。恨むべきは核兵器であって、国や人ではないのだ。そして、気を取り直してコカコーラを飲み、マクドナルドのハンバーガーを食べている。

蒙古来襲に関してもそうだ。そんな恨みなんか全部忘れて、平気でラーメンを食べているのではないか。

たとえ困難が襲って来ても、困難そのものが問題なのではなく、それによって気が枯れてしまうことがいけないわけである。だからどんな状況でも自分を奮い立たせていく。神道ではこれが尊いのだ。

世界中を驚嘆させた、戦後のあの復興力も、これがあるから可能になったのである。オイルショックから立ち直ったのも同じだ。

天の岩戸開きのとき、天照大御神様がお隠れになっても、何とかしようじゃないかと、いろんな神様が岩戸開きの作戦を考えた。決してめげたりしない。むしろ、やる気満々である。

神話の神様ばかりではない。日本の聖人もみな凄かった。法然、親鸞、みなそうである。日蓮上人に到っては、吉田神道の影響を受けていることもあって、もっとも過激だった。あれだけの迫害に次ぐ迫害を受けながらも、「行くぞォ、南無妙法蓮華経!」という気迫で信念を貫き通した。その分、神通力もものすごいわけである。

艱難辛苦を越えて、また越えていくときに、私たちの本質である大和魂が、素晴らしいと頷く。そこに神なるものを見出しているのだ。

この思想が神道の本質であるから、戦後、国としてあれだけのダメージを負っても、

「気を枯らさずに、頑張っていこう!」

と国家全体で乗り越えていく。

そしてまた、昭和天皇が国民に対し、

「ほおー、頑張ってますね」

と思いをかける。陛下は、どこに行っても気が枯れるのをふわっと蘇らせるお力を持っていらした。オオミコトモチである天皇が、ミコトモチである国民を蘇らせるのである。

石油ショックでも頑張る。円高でもくじけない。ロッキードがあっても、禊ぎ祓いをすればいいじゃないか。リクルートがあっても、気を枯らさないで、奮い立っていこう。そうやって乗り越えていくのが日本である。良し悪しは別として、西洋とは価値観の基準が違うのだ。

穢れを祓って蘇る日本人のバイタリティ

マテリアル（物質的、現実的）なものと、スピリチュアル（精神的、神霊的）なものを区別しないのが、日本の神道の考え方である。マテリアルなものには、その中にすべてスピリチュアルなものがあると考える。逆に言えば、スピリチュアルなものの内在しないマテリアルというものは存在しないのだ。

いかなる状況でも決して気を枯らさず、自分たちを奮い立たせて進歩発展していく神道精神が、日本人のパワーの根源だ！

針でもウンコでもオシッコでも、その中に神性がある。それが尊き神様かどうかは別として、神性、霊性を見出している。マテリアルなものの中に、スピリチュアルなものを見出しているわけだ。

日本人はよく現実主義と言われるが、それは、現実のどのようなものにも神なるものを見出すからである。マテリアルを語っているようで、実は同時にスピリチュアルなことも語っているのだ。あらゆるものの中に神性や霊性を見出す感性がなければ、このことを理解するのは難しい。

西洋の学者などは、よく神道のことを宗教的でないと言うが、それは一神教的なものの考え方でしか宗教をとらえていないからである。神というものを、超越的な絶対者としてしかとらえられない彼らにとっては、アジア的な一即多の宗教もよくわからないし、ましてや、個別の物性とか役割に神性と霊性を見出すなんていう神道の考え方は、もう何がなんだか理解できない。これは宗教と呼べるものではなく、アニミズムかシャーマニズムだということになってしまうのだ。

ところが我々は、先祖代々受け継いできたこの神道の考え方によって、あらゆる艱難辛苦を乗り越えてきた。神なる本質を大切にするから、形や状況が変化してもめげないですむ。そして、本質を曇らせてしまう穢れを嫌い、禊ぎ祓いを行うことによってすぐまた蘇る。良し悪しは別として、これが日本人のバイタリティの秘密なのである。

働くことが生きていることの証である

最後に、日本人の労働観について、もう少し補足しておこう。

前にも説明したが、キリスト教では、エデンの園から追放されたアダムとイブは、それぞれ罰を与えられた。アダムは男性としての労働の苦しみ、イブは女性としての出産の苦しみである。したがって、労働というのは罰であり、幸せは労働以外の家庭や余暇の中に存在することになる。

ところが、同じ労働でも日本はまったく違う。天照大御神でさえ、高天原において自ら労働にいそしんでいらっしゃるのである。何の労働かと言えば、田植えである。

『古事記』の大気都比売の段では、死んだ大気都比売の体から食べ物が出て来た。その中から天照大御神が、特にコメをことほぎ祀った、とある。天皇陛下自ら行う新嘗祭や大嘗祭をはじめとして、日本の祭りはすべて食べ物をお供えするが、その中でもコメが最も尊いとされている。したがって日本では、天皇陛下自らが、田植をされるのである。

また、『古事記』の中では、神様が機織りをしているところも出て来る。こういうふうに、神様でさえ働いていらっしゃるのだから、日本人には「労働は尊い」という意識があるのだ。

もうすこし深く見ていくと、神道では生きることイコール働くことなのである。働くということは、大自然と目の前のすべての現実に神性を見出し、その生成化育しているものをお助けする、ということだ。それが私たちの生きている証拠なのである。

神様も、個別の物性とその神性が生成化育進歩発展していくことに価値を見出しているわけだから、高天原で働いていらっしゃる。したがって、私たちも労働を通じて生成化育に貢献していくということが、最も価値あることになるわけだ。

面白いことに、昔は神社に田んぼがあり、そこで御田植祭を行った。音曲やお囃子に乗って、早乙女と呼ばれる女の子が田植えを行う、神遊びの一種である。みんなでワイワイと田植えをするところに神様も降りて来て、一緒になって苗を植える。神人一体となって、田植えをことほぎ祭るわけだ。

日本人にとって神様とは、ただ拝むだけの存在ではない。労働を通じてコミュニティの生成化育の役に立ち、私たちの命が生き生きと輝いたときに、神様もそばに降りて来て、それをことほぎ奉って一緒に働いてくださるのである。

だから、生きることは働くことであり、働いていないと生きていることにはならないのだ。「仕事があって働けるだけで感謝しなければならない」と日本人はよく言うが、すなわち働けるということは、生かされているということなのだから、そこにおのずと感謝が出て来るわけである。

私は敢えて、声を大にして言いたい。この神道の精神があるからこそ、日本人は世界に類を見ない働き者なのだ、と。

日本という国は、アメリカの五大湖の一つと同じ面積の国土しかなく、うち七割は山間部で占められている。そんな狭いところで食料の自給率はきわめて低い。だから、一生懸命に働かなければ諸外国と肩を並べてやっていけない。それは確かにそうなのだが、

日本人は、働くことが生きていることなのだ

もっと本質的な部分をとらえるなら、日本人は一生懸命に働くことそのものを生き甲斐と感じ、喜びとしている民族なのである。

だからこそ、労働に生きて定年退職された方には、第二の人生を持つことを是非ともお勧めしたい。日本人の死亡率が一番高いのは、定年退職後の二年以内である、というデータが出ている。働く張りと緊張感がなくなったときに、ドッと長年の疲労が吹き出すからだろう。働かなくなったということは、つまり生きていないことだと魂が知っているからなのかもしれない。

長生きしたかったら、働くことだ。なぜならそれが日本人の本質に根差した〝生きること〟だからである。

●第三章●

企業を発展させる神道経営論の極意

「中今の思想」が企業の発展力を生む

日本経済の深奥に流れる神道の精神については、これまでの説明でご理解いただけたと思う。この章ではそれをさらに発展させて、神道の精神を会社経営にどう具体的な形で反映させていくかという神道経営論を、三つの要因に絞りこんで述べていくことにしよう。この章の内容は、先頃菱研で行なった「英語セミナー」(英語圏の方を対象に、私が英語で日本経済について語るセミナー)で話したのだが、何人もの外国の方に「なるほど」と納得していただき、ご賛同をいただいたものである。

まず第一に来るのが「中今の思想」である。

我々は、今という瞬間の中にしか生きることができない。今に生きているということ自体が、何物にも替え難いほどに尊いと神道では考える。今に生きるとは、つまり日々の生活の中を生き貫くということである。仏教のように、世俗から脱して悟りの境地に上りつめようというのではなく、日々の生活を生きる行為そのものを尊ぶのである。

儒教の教えの中から、この「中今の思想」に近いものをみつけるとすれば、宋学の周濂渓が説いた「静を主として人極を立つる」ということになるだろうか。この意味については、一章で述べたとおりだ。

形にとらわれることなく、「生きている」ということをみつめる。これは、荘子の言う「迎えず送らず」という言葉にもオーバーラップしてくる。昔は昔、今は今。心に未来を迎えすぎることなく、過ぎ去ってしまったことを送らないようにする。未来にあることを心で迎えて、あまり取り越し苦労をしないことが大事であり、もう過ぎ去ったことに対し、いたずらに拘泥するのはやめようということだ。それができれば、今というこの大切な時をどう生きるべきかという視点が、生まれてくるのである。

では、今を生きるとは、具体的にどういうことか。それは、実際に働いてみることなのである。過去や未来にいくら思いを馳せたからといって、誰も実際に行動することはできない。せいぜい頭の中で悶々と「あのときああしていれば」「今度はこうしてやろう」と考えるくらいのことだ。そのあげく後悔とか、現実感のない心配などに、頭を悩ませることになるのである。

未来のことを心配しながら、今日このときを元気でいられる人はあまりいない。過ぎ去ってしまったことを悔やみながら、明るく前向きな姿勢で生きている人も少ない。これに対し、今を一生懸命に生きる人は、明るく、元気で、エネルギッシュである。

さて、このことを具体的に会社の経営に結びつけてみよう。

企業の経営には、明るく伸びやかな発展力が必要である。経営者が過去や未来のことを煩悶しているようでは、会社の発展は望めない。成功している経営者は、例外なくみなさん明るい。そして、未来を思いわずらうことなく、洋々たる希望を持っている。それは、只今を大事に生きているからなのだ。

次々と新製品を生み出す日本企業

欧米の企業人や、経済学、経営学を専攻した外国の学生が、日本経済について非常に奇妙だと思うものの一つに「新発売戦略」というものがある。

トヨタや日産などの日本の自動車会社は、毎年のようにモデルチェンジを行い、新製

未来や過去を案ぜず、「只今を精一杯に生きる！」これが日本人の神道精神だ

品をつくりだす。

「これがトヨタの1995年のニュースタイルです」

「これがマツダのニューモデルです」

トラックや工事用の車ばかりつくっている日野自動車さえ、

「日野自動車のニュースタイルはこれです」とやっている。

自動車産業ばかりではない。もっと典型的な例は、家電産業に見られる。

松下電気なら、

「これがパナソニックの1995年のニュースタイルの冷蔵庫、こちらがニュースタイルの洗濯機、これはニュースタイルの掃除機です」

とやっている。

東芝も日立もNECも、全ての日本の家電メーカーは、同じように毎年、冷蔵庫や洗濯機や掃除機のモデルチェンジを行っている。

さらに顕著なのはビール会社だ。

「今年のビールはこれだ！」

と、キリンもアサヒもサッポロもサントリーも、毎年新商品を売り出す。

そればかりではない。

春のビール、夏のビール、秋のビール、冬のビール、とシーズンごとに非常に短い期間で新製品を売り出すのだ。売出し期間が賞味期限より短いのである。「秋味」とか「冬物語」とか、ネーミングも面白く工夫している。

さらに売出し期間の短いものには、お正月用のビール、クリスマス用のビールなどというものまである。たった一日のクリスマスのために、それ用のビールをちゃんと売っているのだ。

これが、日本のビジネスの典型的なスタイルである「新発売戦略」だ。メーカーは、コンスタントに新製品を作ることによって、消費者の習慣を壊していくのである。そして、消費者は何の疑問も持たずに次々と新しい製品を受け入れていく。

「ああ、これだ。スーパー・ドライはすごくうまい。これこそ私が求めていたビールだ」

と感激していた消費者が、新製品が出ると、

「うむ、これはうまい。新しい味だ」

ということになる。

誰も、

「新製品を出すのはやめるべきだ。今飲んでいるビールに集中できないじゃないか」

とは言わない。あるいは、

「新型のテレビを作るのはやめろ。私はこのテレビが好きなんだ」

とは言わない。

メーカーにそんな苦情の電話や手紙があったという話は聞いたことがない。

アメリカやヨーロッパの人々にとって、これは信じられない、驚くべきことのようだ。

何千、何万という新商品が、日々、消費者の習慣を壊し、好奇心を煽り、新たなニーズを作りだしている。しかし、なぜ日本のメーカーはこういうことをして、消費者は奇妙だと思わずに、自分の習慣を簡単に変えてしまうのだろうか。

生命力とエネルギーあふれる旬の物

日本は周囲を海に囲まれた島国で、季節の変化に応じてさまざまな魚が海流に乗ってやってくる。古来から日本人は豊富な種類の魚を食卓に乗せ、季節の味を楽しんできた。ブリ、ワラサ、ハマチ、イナダと、これらは実は同じ魚だが、魚が育つプロセスによって、いろいろな名前で呼ばれている。それぞれに違う味わいがあるからだ。

安い鰯でも、その季節に食べればとてもおいしい。旬という言葉があるが、どんなものにも、最高においしく食べられる時期というのがあるのだ。

春には春の魚を食べたい。夏には夏、秋には秋、冬には冬の魚をおいしく食べるというのが、日本人の食生活の基本的な考え方である。

もちろん魚だけではない。野菜でも春夏秋冬、それぞれに季節の旬の味を楽しむ。旬であれば、おいしい物を安く買えるのである。

フルーツでもそうだ。スイカを食べるのは夏に決まっている。誰も秋に季節外れのスイカなど食べたがらないものだ。値段が高くても、あまりおいしいものではない。これが伝統的な日本人のライフスタイルなのである。

「娘十八、番茶も出ばな」

という諺がある。

番茶は安いお茶だが、新しく入れたものは、とてもおいしい。いくら玉露でも誰も出がらしを有り難がって飲みはしない。女性でも、多少難はあったとしても、旬の時期は若々しいエネルギーにみちあふれているものだ。物ごとは常に移り変わっているが、それなりに一番いい時期というものがある。そのタイミングを逃さないということが大切なのだ。それには、常に今という一瞬一瞬をおろそかにしないことである。

高名な禅の老師であり、仏教哲学者である鈴木大拙は、ジュネーブで行った講義の中で「キリスト教では神が人間に敵対し、人間が神に敵対している。神が自然に敵対し、自然が神に敵対している。人間が自然に敵対し、自然が人間に敵対している。これがキリスト教の基本哲学である。奇妙だ。宗教的に言って、何と奇妙なことか」

と述べている。

一章で述べたように、日本の禅には、臨済宗、曹洞宗、黄檗《ばく》宗の三つがあり、基本的には同じ哲学だが、特に臨済宗では、「今に生きる」ということの重要性を強調している。

何かを考えると、今というタイミングは過ぎてしまう。だから、一瞬たりとも考えていてはいけない。こうして、自然ないきいきとした瞬間を認識するのだ。

自然は毎瞬毎瞬、風が動き、水が動き、常に変化している。何もかもが一瞬たりともとどまらず、動き、発展し、向上するというのが自然の哲学だ。だから、我々も毎瞬変わらなければならない。今、ここにいる、刻々の只今にいるというのが、臨済禅の究極のステージなのだ。

これは、日本の神道の「中今の思想」と同じ考え方である。神道では、伝統的に神は人間と調和し、人間は神と調和していると考える。神は自然と調和し、自然は神と調和している。人間は自然と調和し、自然は人間と調和している。日本人は、自然の法則や、その現れである自然現象に従うことを好むのである。そのとき、最も重要なことは、今ここにいるということ、常に変化し続けている自然に対して、「今」というタイミングを掴むことだ。自然のリズムと一体化して、今ここにいるという実感を楽しむことなのだ。

今というタイミングを掴めば、全ての営みはいきいきとしたエネルギーに満ちたものになる。我々が旬の野菜や果物や魚を味わうときには、常にうつりゆく大自然の中で、今ここにいることを感じているのである。

日本人は冬にキノコを食べたいとは思わない。しかし、たとえそれがハウスで作られたキノコであっても、秋であれば、

「おお、これは天然物だ」

と喜んで食べているのだ。

初物を喜ぶ日本人のメンタリティー

旬の物よりも、さらに日本人が価値を置くのが「初物」である。初物とはその季節ではじめてできたり採れたりした野菜や魚だ。まだ市場にあまり出回っていないから、当

然値段は高い。味も旬の物のように成熟していない。しかし、「女房を質に入れても食え」というくらい、日本人は熱心に初物を食べたがる。つまり、季節のはじまりを感じることに、それほど価値を置いているのだ。

「ハハハ、松茸を食べたぞ。僕は日本で一番はじめに今年の松茸を食べたんだ」

と、季節のタイミングを捕らえたことを誇らしく思うのである。

これが我々の伝統的なライフスタイルであり、日本人の感じ方なのだ。

我々は新しい物に対して、自然の生命力やエネルギーや神を感じる。それが自然の食べ物でなくても、日本人は新しい物を好むのである。

だから、松下電気や日立や東芝は、シーズンごとに新しいテレビや掃除機を作っているのだ。消費者は新製品を買って、

「おお、これは初物だ」

と喜んでいるのである。

そして、新商品から目に見えないエネルギーを感じ取っているのだ。

これが新発売戦略の背景である。この戦略が日本で成功し、定着したのは、我々の日

常に目に見えない神道的なメンタリティが存在しているからなのだ。

アメリカでは、1950年代の自動車や電気掃除機や電子レンジをいつまでも使っている人が結構いる。しかし、日本人は新製品がでると、次々に新しい物に買換えていく。すると、当然、前使っていた物はいらなくなる。初物でなくなり、旬の時期を過ぎてしまえば、まだ使える物でも価値がなくなってしまうのである。そして、それをどうするかというと、新ピカに見えるテレビでも、CDプレーヤーでも、掃除機でもみんな粗大ゴミにしてしまうのだ。

粗大ゴミは拾ってくれれば、リサイクルして使うこともできるかも知れない。あるいは、捨てないで売ることもできるだろう。アメリカ人やヨーロッパ人は、自分の国を離れるときは、家具や電気製品を売りたがる。近頃は、日本人もアメリカナイズされて、いらなくなった物を売り払っている人もいるようだが、普通我々はあまりそういうことはしない。親しい人にあげることはあっても、あまり売るということは考えないものである。

都市部ではゴミ問題は年々深刻化しているが、それでも日本人は次々と新製品を買い求め、いらなくなった物はどんどん粗大ゴミとして捨て続けている。平均的な日本人は

日本人は、「旬のもの」「初物」を手に入れ、自然との一体感を喜ぶ

使い古しの家具や電気製品など好まないのだ。

新しい物には自然の生命の力やエネルギーが感じられる。あるいは、神を感じていると言ってもいいかも知れない。我々はそこに価値を見いだしているのだ。

古い物には、エネルギーも生命力もない。本来は、供養すべき対象ではあったのだろうが、もはやそこに神聖なものは感じられないのである。だから、日本人は季節の終わったテレビやステレオや掃除機や電子レンジを捨てて、新しい新鮮な物を使いたがるのだ。

これが戦時中ならば、新しい物を手に入れるのは不可能だから、古くてもそのまま使い続けるだろう。しかし、新しい物を手に入れることができるのなら、新しい物のほうがいいのだ。この伝統的な哲学を理解しなければ、なぜ日本人が中古品を好まないのか、新しい電気製品を捨てるのか、分からないだろう。

「女房と畳は新しいほうがいい」

という諺さえ日本にはある。

我々は何でもかんでも新しい物が好きなのだ。新鮮な空気、新鮮なホテル、新鮮な女のコ。もちろん、女性も新鮮な男のコが好きだ。使い古しのクタクタの中年男など好まないのである。だから定年すぎて、家でゴロゴロしていると、粗大ゴミ扱いされてしまうのだ。

企業も常に新しい物を求め、新しい物を提供し続けていなければ、社会の粗大ゴミとして捨て去られてしまう。常に明るく前向きに、未来を見つめて只今を生きることは、経営者としても一個人としても大切なことなのである。

ところで、日本人の不思議さは、それほどまでに新しい物を追い求めるくせに、同時に古い伝統を共存させていく力を持っていることだ。その典型は、京都という街に見ることができる。

京都という街は、先頃千二百年祭を迎えた古都である。千二百年の伝統を感じさせる建築物や文化遺産が、今も残されている。

ところが、ピラミッドやパルテノン神殿など、他国の遺跡と決定的に異なるのは、京都が今なお息づき、繁栄している街だということだ。新しい建物もドンドン建ち、活気がありながら、しかも千数百年の伝統を感じさせるという不思議さ。ここに、古いものを残しながら次々に新しいものをとり入れる、日本人のメンタリティーを見ることができる。この点については、さらに解説したい内容を含むので、別の機会に詳述することとしよう。

日本人は戦争の痛手をも水に流した

日本はかつて戦争に負けた。終戦直後、国民が深い心の痛手と明日をも知れぬ生活の不安に脅かされていたときに、昭和天皇は全国を回られて「頑張りましょう」と励まされた。その言葉から、どれほど多くの国民が奮い立ったかわからない。日本人の誰もが、必ずや近い将来に国を復興させようと、切実に心に誓った。こうして、我が国は戦後、目覚ましい発展を遂げ、未曾有の繁栄を享受するに至ったのである。

しかし、戦後から半世紀を過ぎた今日でも、韓国、中国、ヨーロッパなどで、日本人が冷遇非難されることも珍しくない。パリのとある果物屋で「日本人には売らないよ。ドイツと同盟を結んでいただろう。私のおじいさんはドイツ人に殺されたよ」と言われた日本人がいたそうである。

先日、ある中国の方とお会いした。この人は「日本人には負けない」「日本は中国にひどいことをした」というようなことを、事あるごとに呪詛のように繰り返す。終戦直後の話ではない。今でもそうなのである。

私は戦争が残した爪跡を見たような気がしたが、と同時にその人にこう一言いってみた。

「そういう中国も、蒙古襲来のときにはずいぶんと日本を、ひどい目にあわせたじゃないですか」

「えっ、蒙古襲来ですか？」

「そうですよ、元の時代に日本に攻めてきたではないですか」

「いや、元は本来、モンゴルから出た王朝で、中国ではない」

「しかし、元の人のほとんどは中華民族だったし、今は内モンゴル自治区を作って中国の一部にしてるじゃないですか」

その人は「うーん」とうなってしまった。私が何を言いたかったのかというと、過去にこだわり始めればきりがないということだ。戦争を仕掛けたのはそっちだ、いやそっちが先だと、歴史年表を片手に言い争っても虚しいだけである。

日本人は、あまり過去にこだわらないという性質を持っている。それは、只今に生きていることを何よりも尊ぶからである。この精神が、会社の経営者や、あるいは輸出入の貿易分野で活躍する人にも重要になってくるのではないかと思うのだ。

原子爆弾が落とされて、十六万人の人が亡くなった。犠牲になった人たちのほとんどが、非戦闘員である一般市民だったのだ。しかし、日本はアメリカを恨んではいない。もうすんでしまったことだから仕方がない、という気持ちで怒りのエネルギーを核兵器廃絶運動へと切り替えている。

敗戦によってボロボロになった国を再建するにあたって、日本は過去のことを忘れようとした。死者に鞭打つことよりも、只今をイキイキと生きることの方が大事なのであり、それこそが犠牲者への供養になると考えたのだ。この精神が、日本の驚異的な復興力に結びついたのである。

日本民族のハングリー精神の素晴らしさは、戦後の目覚ましい立ち直りによって、世界中に知られることになった。オイルショック、円高などをはじめ、いかなる困難に直面しても、素早く立ち直ることができるのは、済んだことはいたずらに考えすぎないという、いい意味で過去に拘泥しない性格の表れである。我々は非常に忘れっぽい民族だと言われているが、そうではない。むしろ、只今を生きることを第一に考える民族だと言うべきなのである。

失敗は神の与えてくれた試験だと考える

私は㈱菱研という経営コンサルティングの会社の所長を務めているが、そこに相談にいらっしゃる企業の経営者が、「昨年は売上が落ちてしまった」と、目先のことに一喜一憂するのを見ていると、ついこう言ってあげたくなる。

「社長、昨年の売上が落ちたことは、それはそれでいいじゃありませんか。今年いかに売上を伸ばし、どう利益を確保するべきかを考える方が大事です。とにかく目の前の仕事を頑張りましょうよ」と。

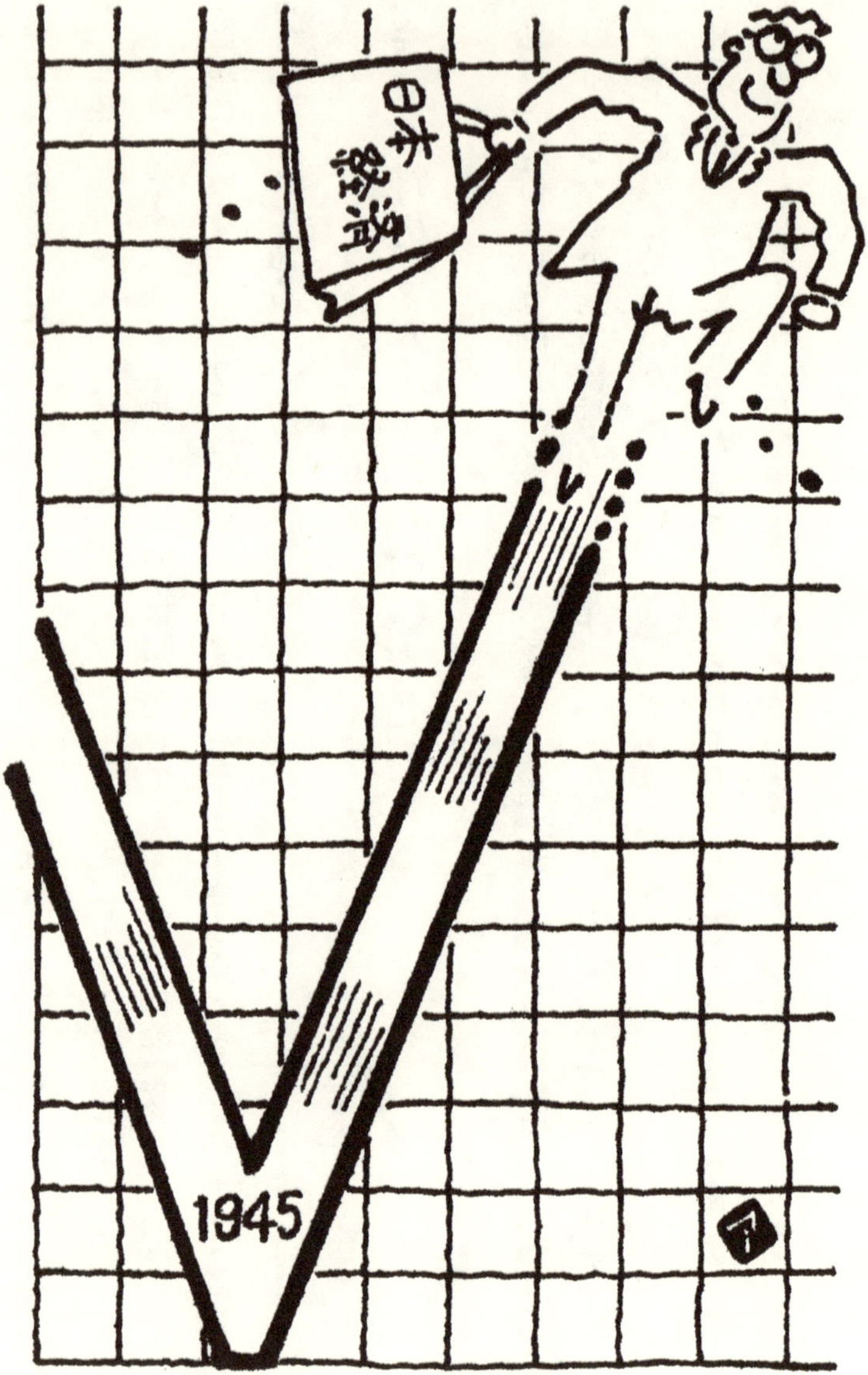

日本人は過去にこだわらない。只今に生きることを尊ぶからだ

三年前の業績の悪化を云々して、「あれは君が原因だよ」と、しつこく社員に迫ってくる経営者もいると聞くが、そういうのは論外である。

赤字で銀行からも融資を止められる。しかし、税務署から税金の支払いだけは求められる。資金繰りはうまくいかない。そういう状況であっても、社員の前では「もう過去のことを言うのはやめよう。去年は去年。今年は今年だ」と言える度量を備えた経営者の方が、どれだけ周りの人間に力を与えるかわからない。社員も「そうだ、そうだ」と言って頑張ることができる。

こんな会社であれば、不況にあえいでいるときでもすぐに回復する。少しぐらい経営にガタが来ても、すぐに状況が好転するはずである。この回復力によって、只今を明るく元気でエネルギッシュに生きていこうとする経営者は成功するだろう。これは世界共通のセオリーである。暗い性格で成功している経営者というのは、まずいないのだから。

真っ暗な夜に、明るいライトが煌々と灯されていたら、誰もがそれを目指すことだろう。エネルギーは人をひきつける。従業員はエネルギッシュな経営者に魅力を感じるわけである。販売先も銀行も、こういう経営者についてくるのだ。

ところで、仏教や禅、密教などでは、特に悪因縁が問題にされる。前世からの、あるいは家代々の悪い因縁があるから、今の困難があるという考え方だ。これは状況によっては、きわめて有効な考え方である。すなわち、マイナスの状況に置かれているときに、この考え方が強い力を発揮するのだ。

物事には原因と結果がある。昔よくないことをしたから、今よくない状況に陥っているのだ、という考え方だ。これを因果の法則という。

マイナスの状況のときには、この法則を想起して、悪い原因を生んだ過去の原点に立ち戻ってみるのである。ああ、あんなことをしたんだから、今のマイナス状況も仕方ないなと。意味もなく不運なのではなく、自分がまいた種で自分に不運が返ってきたのだ、しょうがないと。こう思うことで、気持ちが楽になり、マイナスからゼロへと気持ちを戻すことができる。しかし、原点はゼロであってプラスではない。マイナスの原因はわかったとしても、そこにとどまっているだけでは決してプラスには転じないのである。だから、今からあらためてプラスの徳を積んでいこうという考えを持って、向上していくことが必要になる。

ところが問題は、ゼロに立ち戻った時に、ああ、こんなことをしたばっかりに、不運を読んでしまって…自分が悪かったんだ…などと、ただただ自己批判ばかりになってしまい、プラスに転じられない人も出て来てしまうことだ。

一方、神道では、只今を明るくエネルギッシュで幸せに生きるために、あらゆる有益な考え方をしようとする。困難や理不尽なことがあれば、これも神の御教え、自分を鍛えて下さり、能力を伸ばして下さるための試練と考える。そうやって、ある意味では強引といってもいいくらいに、都合よくプラスの思考を作り出していくのである。

言ってみれば御都合主義の要素もあるのだが、これは「中今の思想」には必要なことだ。なぜなら、よっぽど精神的に強い人なら別だが、人は厳格に自己批判しすぎると、プラスの力を失ってしまうからである。

何か大きな失敗をしてしまったとしても、それは神様が与えてくださった試練なんだと考える。自分がより一層強くなり、大きくなるために、失敗をバネにして何倍もジャンプしてやろうと考えるわけである。これが神道的な考え方なのだ。

日本人が普遍的に好む「中今の思想」

孟子の言葉に次のようなものがある。

「天の将《まき》に大任を是の人に降さんとするや、必ず先ず其の心志《しんし》を苦しめ、其の筋骨を労せしめ、其の体膚《たいふ》を餓えしめ、其の身を空乏《くうぼう》にし、行うこと其の為さんとする所に払乱《ふつらん》せしむ」

この言葉を糧としたのが、明治維新の志士たちだった。彼等は困難に遭遇したとき、「ああ、この試練があるのは、天が私にまさに大いなる任を与えているからなんだ」と考えた。そして、その困難を通じて自らの心を鼓舞し、改革の志を完遂したのである。これは非常に明るく前向きな考え方であり、神道の「只今の思想」に、見事に合致していると言えるだろう。

仏教の因縁・因果の思想は、反省や内省には通じているが。そのままではどうしても否定的な面ばかり見てしまいがちになる。そんな中で、神道的な只今を積極的に生きる教えを説いた仏教者もいる。日蓮上人などは、その最右翼と言えるだろう。日蓮が仏教と併わせて神道の勉強もしていることは興味深い事実だ。

面白いことに、詩の世界でも高邁なる詩的情緒というものは、あまり日本人には馴染みがない。大衆の生活をリアルに詠んだ歌の方が、圧倒的に好まれる。石川啄木や小林一茶などの詩歌のように、生活に基づいた苦しみ、葛藤、悟りといったものが滲み出ている作風に、多くの日本人は共感を覚えるのである。

「只今の思想」が、日本人にとって普遍的に尊いものであることが、これらの事実からもはっきりと理解できるのである。

企業は生成化育進歩発展すること自体が尊い

神道経営論の二番目は、「生成化育進歩発展の思想」である。

神道にとって大切なのは何か。それは明るくて元気なことであり、これを浄明正直と言う。だが、神道の美徳はそれだけではない。一章でも述べたように、生成化育進歩発展することと自体に価値を見出すのである。だから先ほどの「中今の思想」にも通じてくるが、たとえ壁にぶつかったとしても、生成化育進歩発展の糧にすることができれば、それが尊いということになる。

では、何のために生成化育進歩発展するのか。こう考えることに、あまり大きな意味があるとは思えない。目的が重要なのではない。そうあること自体が尊い、ということもあるのだ。生成化育進歩発展は、大自然の掟であり、法則でもあるわけだから、つまり神の大御心であるとも言えるだろう。

前にも書いたように、私たちは神様から天命と詔（ミコト）をいただいて生まれて来たミコトモチである。私たちミコトモチはどうすればより良く生きていけるのかと言うと、自分を生かしてくれている大きな存在の生成化育進歩発展に貢献することだ。企業や社会は、私たちを生かしてくれている大きな存在である。その発展のために自らのミコトモチを役立てることが喜びであり、尊いことでもあるのだ。

会社を経営している社長、および社員が売上成績を向上させ、利潤を増大させていく。この利益は社会に還元されるものだから、コミュニティの生成化育進歩発展に、企業の営利行為は役立っていることになる。

それでみんなが繁栄を享受できるのであれば、これに勝る喜びはない。労働争議の問題が発生しても、大きな痛手にはならないだろうし、壁を目の前にしても、それを飛び越えることによって、なお、一層の生成化育進歩発展に努めることも可能だ。企業人としても、その精神が尊いわけである。神道的な経営哲学から導き出される繁栄には、極まりというものがない。そこまで大きな可能性が隠されているのである。

私はダイエーのマークを見るにつけ、「満つれば欠ける」という言葉を思い出す。ダイエーのマークとは、満月のような円の片隅が切り取られているマークである。満月になったら、あとは欠けていくばかりだ。だから、一番よいときが本当の意味でベストなのではない。会社でいえば、売上絶頂、利益絶頂の時が満月にあたるだろう。そして絶頂であるがゆえにもう上がることのないその時期は、最高の時ではなく、むしろ次なる発展（満月）のための、ステップなのだ。

このような姿勢で会社の運営に当たっている経営者とは、生成化育進歩発展していくことに価値を見出しているわけだから、成功することもうなずける。生成化育進歩発展することが自体が尊いわけだから、イデオロギー、宗教的理念、あるいは道徳的観念でかくあらねばならないと、しばりつける必要もないのである。

神道の精神で成功した松下幸之助の経営哲学

神主の奏上する祝詞に次のような言葉がある。

「生業揺るぐことなく、家かど高く富み栄えて、五十橿八桑枝《いかしやぐはえ》のごとく立ち栄えしめ給え……」

生業揺るぐことなく、家々が富み栄えて、若枝がますます繁茂していくように栄えることが尊い。これが神の功徳である。「生業揺るぐことなく」と言うのだから、自分の生業をおろそかにしない。すなわち、キリスト教的な自己犠牲だとか、仏教的な脱俗に至る捨身の活動ではない。

この教えを実行したのが、有名な松下幸之助さんである。松下さんは神道の大事なところを心得ていらっしゃった方だ。

日本人は、生成化育進歩発展を願われる神に役立つことを、人も企業も喜びとして発展した

松下さんの京都のお屋敷に、根源神社というご自分で建てられた神社がある。主宰神は根源様といって、宇宙の根源である。だから社の中には何も入っていない。宇宙の根源を学ぶこと自体が大切だと考えられたのだ。このように、経営の神様として知られる松下さんは、同時に真摯な信仰者でもあった。

その松下さんがかつて、天理教の信者の勤勉さに感動したというエピソードがある。いつ見ても、天理教さんは、喜々として労働に励んでいる。それに対して、自分の会社の従業員には、そういう明るさがない。なぜだろうと考えたところ、天理教の信者さんたちには、社会に貢献しようという使命感があることに気づいた。「自分の労働が神にも喜ばれるだろう」と思えるから、一生懸命に働けるのだ。

松下さんはそれから〝松下幸之助二五〇年計画〟というのを打ち出し、家電製品を中心に、よい品をより求めやすい価格で買えるように、社会に対して働きかけを行った。そうこのビジョンは、主婦が繁雑な家事から解放されることにもつながっていった。そういった社会への貢献意識が、社員たちに「この仕事は人の役に立てるんだ」という使命感を与えた。単に給料をもらうために働いているのではなく、社会に貢献するために働いているんだ、という意識を社員に根付かせることに成功したのである。

私の実家の近所に、松下幸之助さんが寄付なさったという公民館がある。近所の人たちにいつも利用され、地域のコミュニケーションに大切な役割を果たしている。こういうふうに、社会に貢献している経営者を持つならば、「私たちの企業は世の中が生成化育進歩発展するための役に立っている」と、社員も誇りに思うものだ。

松下さんはこのようにして、自社の社風を作っていった。松下電器が成功したのは、松下さんの哲学によるところが大きい。それを支えるのが、学問宗派の教理を越えた天地の法則である、根源様なのである。ある人はこれを松下教だと言っているが、松下教とは何なのかと考えるならば、伝統的な神道の精神、特に「生成化育進歩発展の思想」をうまく会社の経営哲学に生かしたものなのである。

天地の法則に合った会社が発展していくのは当然だ。松下電器は、神道の精神で会社を成功させた、代表的な例だと言えるだろう。

民と共に生きるのが日本の天皇

さて、神道経営論の三つ目の要素は「天皇の存在感」である。

ここでは「存在感」という言葉を使っているが、この点が重要なのだ。「存在」ではなく「存在感」を問いたいのである。

一口に神道と言っても、実際にはさまざまな種類があるわけだが、神社神道、皇室神道、教派神道、民族神道に大きく分類できる。その中でもやはり、中心となっているのは神社神道だと言えるだろう。神社神道の中核を成すのが、天皇という存在感である。天皇とは「天が下、平らけく安らけく」というご心性を持ち、祭祀を自ら行える世界で唯一の王のことだ。

日本では、天皇および皇族が、あらゆる文化的分野において、その狙い手になっている。平安時代に密教文化が花開いたときは、皇族が弘法大師の弟子になっているし、仏教の興隆に尽力した聖徳太子も皇族だった。今でも天皇は田植えをしたり、大嘗祭という一大神事を行う。

天皇のあり方は、御所を見ればわかる。皇族の住居だというのに、御所には垣根や塀がない。城もない。つまり、天皇は代々、民と共にあり、生きてきたのである。

仁徳天皇には、次のような有名な逸話が残っている。あるとき、丘の上から仁徳天皇が都の景色を眺めていた。

「最近はどうも煙りが少いようだが、下々はどうしているのか」

「飢餓で食べ物がないので、あのように煙が上がらないのです」

と、側にいた者が言った。

「そうか、わかった。それでは三年間は年貢を無しにしよう」

ということで、年貢を抑えたというのだ。

それから三年、御所では雨がポロポロ漏っていても、修復さえしなかったという。仁徳天皇は自分が貧してまで、民のことを心にとめていらっしゃったのだ。何年か経って、また都を見下ろした天皇は、立ち上る煙を見て「ああ、民も豊かになった」と、安堵したということである。こういう辛抱をなさった方だから、皆が慕って世界で一番大きな墓を作ったのかどうかはわからないが、とにかく歴代の天皇はこのように民と共に生きてきたのだ。

さて、これを会社経営に当てはめると、天皇のあり方とは、つまり経営者のあり方である。仁徳天皇のように、社員とともに生きることができる経営者でいられるかどうかということなのだ。

欧米企業の場合は、経営者に「天が下、平らけく安らけく」という雰囲気は見られない。すべてトップダウン方式で、経営者の決断が下の方に通りやすい長所はあるが、階層はなかなか破れない。社員は企業の道具にすぎないのだ。

日本企業のトップは、経営の話を比較的よく社員に聞かせる。というのも、「上は上、下は下だから、上のことは下に関係ない」といった風潮が、日本には乏しいからだ。むしろ、仁徳天皇のように、社員と共に生きる経営者が多い。つまり、こういう日本企業の経営面にも、「天皇の存在感」を見ることができるのである。

アメリカ人に仲間意識を持たせたソニーの経営理念

日本の企業では、社員はお互いに仲間なんだという考え方が定着している。共に売上を上げ、労働を分かち合う仲間同士なのであって、企業の道具ではない。だから、不況になっても簡単に解雇しない。

ソニーがアメリカに工場を持ったときに、社長の盛田さんはこのことをアメリカの労働者に何度も言っている。欧米では社員は企業の道具かもしれないが、ソニーはそうは思わない、と。それを聞いて最初、アメリカ人は苦笑していたそうだ。ところが、実際にそのように会社の運営がなされているので、彼らは日本人以上に熱心に働くようになった。

アメリカの労働生産力は高いと、盛田さんは考えていらっしゃる。要は経営者次第だということだ。ソニーは不況になると社長をはじめ役員の賞与をカットする。不況を社員と共に耐えていこうとする積極的な姿勢が見られるのである。経営者だけがお金をも

日本の経営者は欧米と違い、社員と共に喜びを分かち合いながら生きている

らい放題ということはないわけだ。

また、経営者側が社員に自分たちの経営理念を明示する。目標が達成されれば、「今日はこれだけ利益が上がった。これもみんなが努力してくれたおかげだ」と、結果を報告する。そういった姿勢で経営に臨む経営者の方が、社員にとってもメリットが大きいことは言うまでもない。このソニーの企業理念が大きな成功を収めていることは、今さら説明するまでもないだろう。

マッカーサーを感動させた昭和天皇

日本の天皇は、築城してその中に篭り、周りに城壁を巡らせて「この中に入るべからず」と、下々の者を隔絶するようなことはしなかった。現在、皇居は江戸城の跡地に置かれているため、周囲には堀がある。しかし、明治維新までは京都御所にいらっしゃった。感覚としては、我々の家々のすぐ近所にある森の中に住んでおられたようなものである。その身近な場所で、天皇は神に祭政をつかまつる神主のごとくに、日本民族の族長としての役割を務めていらっしゃるのである。苦しいときは民と共に耐え忍ぶという性格が現れるのは当然と言えるだろう。

第二次世界大戦で日本が敗戦を迎えたとき、昭和天皇がマッカーサーのところへ突如、単身でお出ましになった。そのときの写真が今でも残っている。諸外国は天皇を敗戦国の元首と単純に考えていた。だから、元首がこのような行為に出るのは、命乞いか財産の保全を頼みに来たのだろうと思っていたのだ。

ところが昭和天皇は、

「これが私ならびに皇室の財産目録です。これをすべて差し上げる。私の身はどうなってもいい。そのかわり国民に食べ物を与えてほしい」とおっしゃった。

この言葉を聞いてマッカーサーは愕然としたそうである。オオミコトモチという立場の方が、自分の命を捨てている。日本の国民を生かさんがために、自分がそれで死ねるのなら喜びなんだとお考えになる。

マッカーサーは昭和天皇の、我が身を顧みずに国民を思いやる、この切々とした真心に感動した。それがアメリカの占領政策に好影響を与えたことは想像に難くない。おかげで日本はアメリカの完全な属国にならずに済んだのだ。

もちろん、アメリカが日本を属国にしなかった背景として、対共産圏の封じ込め政策として、日本を防波堤とし不沈の戦艦のごとく利用するという国策があったのは事実だ。けれども、マッカーサーがやはり、昭和天皇の言葉に大きな衝撃を受けたことは事実だろう。一説によると、日本国憲法の第九条も、マッカーサーが昭和天皇の心を尊重して決定したという話もある。

普通、戦争に敗れた国の元首が、自らの命を捨てて国の平和を願おうとするような行為に出ることはない。世界の歴史がそれを証明している。マッカーサーならずとも、まさかと思うだろう。敗戦当時、このような陛下がおられたからこそ、国民は動乱も暴動も起こさなかった。国民は陛下を心から慕っていたわけである。これが「天皇の存在感」と言うべきものではないだろうか。

「天皇の存在感」を持った経営者が成功する

我々日本人は、こういう「天皇の存在感」と似たものを、企業の中でも感じ取ることができる。社員が理想的な経営者に抱く敬愛の念がそれだ。この感情から、企業や社会に対して貢献したいという精神が生まれるわけである。

理想的な経営者の像が形作られたことこそ、日本企業の成功した大きな要因であると言っても過言ではない。国家における国民という概念と、会社における社員という概念は、じつはパラレルな関係にあるのだ。成功した企業の体質には「天皇の存在感」のひな型を例外なく見ることができる。

この構図を抜きにして、日本企業が成功している理由は語れない。日本型の企業経営者には、神道の担い手であるような、一種の神秘性が備わっているとも言えるだろう。

一章でも述べたように、多神教である神道の特徴は、資本主義、共産主義、マルキシズム、仏教、儒教、ハイテクノロジー等々、どんなものからも素早く本質をとらえることができる点にある。イデオロギーが問題なのではない。思想なり概念なりが、只今のこの時に、我々の生活の中で実際に生きていればよい。多神教だからこそ、非常にフレキシブルな思考ができるのであり、よいものは積極的にどんどん吸収していこう、只今の生活に生かしていこうという、エネルギッシュな取り組みができるのである。

以上のように「中今の思想」「生成化育進歩発展の思想」「天皇の存在感」という三つの骨子が、日本において神道精神と企業経営を結びつけている特徴なのである。

たとえ、壁にブチ当たって企業が倒産したとしても、その後で再生する力の方が大きければよい。失敗の数を数えるより、成功の数を数える方が尊いわけだ。景気のよいときには外に向かって発展していくが、不景気になると何もかもが衰退するというのでは、神道の精神にふさわしくないのである。

よくよく考えてみると、不景気といわれている昨今でも、理想的な経営者のいる企業は、内的な発展を遂げている。外側に向かうか内側に向うかというように、生成化育進歩発展の方向性が景気の状態によって違っているのであって、決して衰退しているわけではないのだ。

日本人は、経営者に対して敬愛の念を持っている。それは『天皇の存在感』からくる思想である

日本の経営者は、誰もが体質的に神道のフィーリングを受け継いでいるのだから、ここに述べた内容を咀嚼し、実践することに無理は生じないはずである。そして雄々しく、この不況を乗り越え、日本の経済をより一層、活性化するための柱となっていただきたいものだ。

第四章

「和」の精神に学ぶ
リーダー論

日本型のリーダーとはディナーのホスト

ここからは、日本の伝統的思想の中でもうひとつ大切に尊ばれてきた「和の思想」についてご紹介しよう。

和という漢字をよく見ていただきたい。左にあるのは「のぎへん」であり、植物を意味している。右にあるのが「くち」であり、これは食事を意味する。つまり、和というものは、おコメや穀物をみんなで分かち合って食べることによって生まれる和やかさのことなのだ。

いかにも二千年以上も前からコメを主食にしてきた農耕民族である、日本人らしい考え方が、この和という文字に表れていると言えるだろう。

さて、ここで私が論じたいのは、リーダーのあり方についてである。日本と欧米とではリーダーの役割、存在感に、やはり著しい違いが見られ、それが会社経営のあり方にも色濃く反映している。

まず、狩猟民族であるヨーロッパ人のリーダーは、とてもしっかりしている。「君はこっちへ行って、あの牛を撃ってきなさい。あなたはあっちへ行って、あの魚を獲りなさい」というふうに、明確な指示の出し方が求められるのだ。したがって、誰に指揮権があるのかということもはっきりしている。

なぜかというと、優秀なリーダーのもとにいれば狩りは成功するし、下手なリーダーについていけば、狩りは失敗ばかりで飢え死にしてしまうという、単純明解な背景が存在するからだ。狩猟というものは、成りゆきにまかせていて成功するものではない。獲物を相手にした一種の戦いだから、能力と戦略に秀でた者だけがその戦いに勝てるのだ。

それに対して、農耕民族である日本の場合はどうか、農業には農業独自の厳しさはもちろんあるが、やはり戦いではない。コツコツと作物を育てていく作業だから、リーダーの能力が収穫量に影響を及ぼす割合は、狩りに比べればきわめて低い。

むしろ気にしなければならないのは天候である。これは、人間の能力ではどうしようもない。だから、神社を建てて神様をお祀りする。収穫したものを神様に捧げて、豊作であればその喜びと感謝を伝え、嵐のときには何とぞお鎮まりいただいて、天気になりますようにと祈る。だから、神道のお祭りは食べ物を捧げることが基本であり、その真心を神様が受けて目に見えない功徳を与えてくださり、ますます豊作になっていくというパターンなのだ。

したがって、日本の農村では、強烈なリーダーシップを持つ人材というのが、それほど必要とされないのである。

では、日本ではリーダーの資質として何が求められるかというと、みんなで収穫物を分かち合って楽しく食べられること。そういった部分の采配なのだ。

たとえて言うなら、ディナーのホストである。みんなが楽しく夕食の席を囲み、そこに和みが生まれてくるように、場とムードを作ってくれる。そういう感じのリーダーシップを持つ人が、重宝されるのである。

松下幸之助は「和」の精神を大切にした

日本型リーダーシップというのは、ひとことで言うなら、「和」の精神である。調和

日本のリーダーは、ディナーのホスト

すなわちハーモニーを導くことのできるセンスなのだ。

この「和」の思想には、儒教の影響も入っている。儒教が出て来たのが、中国南部の農耕民族からだということを考えると、同じ農耕民である日本人との共通項があるのだろう。

日本では早いうちから「和」という概念が確立していたようだ。聖徳太子は七世紀に、日本における初めての憲法である「憲法十七条」を制定したが、そのいちばん初めに出て来るのが、「和を以て貴しと為す」という文章である
この憲法によって、日本は天皇を中心とする中央集権国家の体制を整えたのだが、その基本に据えられたのが、「和」の思想だったわけだ。国家としての体制がこのときから本格的にスタートしたのだとすれば、日本という国の最も大事なポイントが、「和」という考え方にあるといえるだろう。その後も、時代が変わる度に、新たな憲法や法律が定められたが、いずれも聖徳太子の作った憲法十七条の基本精神を受け継いでいることに変わりはない。

さて、現代の日本に目を移してみると、やはり「和」の精神は、日本人の体質の中に

脈々と継承されていることに気がつく。個性のぶつかり合いよりも、全体のハーモニーを美徳ととらえる日本社会の特性を、私たちはいたるところで経験しているはずだ。

企業の経営理念として、この「和」の精神を何よりも大切にしていたのが、やはり松下幸之助さんである。

その松下さんが、日本文化の特色として次の三つを挙げている。

一、衆知を集める

二、他国の文化を吸収しても、日本固有の主体性を失わない

三、文化の連続性

つまりこれは、松下さんが日本人としてビジネスを進めていく上で打ち出した、三つの経営哲学であると私は解釈している。

その一番目に出て来る「衆知を集める」ということ。これが、彼ならではの解釈によって、「和」の精神を具体的にビジネスに応用したものだと言えるだろう。

日本人は世界の国々の衆知を集めることができる

「衆知を集める」というのは、たくさんの人の知恵を集めるということである。そのために必要なのが「和」の精神であり、これがはなはだ日本的な感性なのだ。

『古事記』の中に、天照大御神が弟神の須佐之男大神の乱暴に怒り、天の岩戸に隠れてしまったという、いわゆる「岩戸開き神話」が登場する。そのとき高天原の神々は、みんなで集まって、どうしたらいいだろうと解決策を話し合った。その結果、よいアイデアが浮かび、神々が一致協力して計画を実行したため、無事に天照大御神は岩戸の中から姿を現すのである。

つまりこれが、「衆知を集める」ということなのだ。日本では、神代の昔から神々もこれをよしとしていたのである。

何か問題が起きたとき、西洋の場合は各自が自分で考えて、「私はこう思う」ということを主張する。それに対して日本人の場合はどうかと言えば、ちょっと身の周りを観察したらすぐわかる。何かあれば、すぐにみんなで集まって、ああでもない、こうでもないと、話し合いを始めるのである。それも、問題が起きてから時間を置かず、すぐに寄り合いが開かれる。

これはもう、天の岩戸開き以来の、先祖から伝わる伝統的な習慣である。松下さんが「衆知を集める」というのを、日本文化の特色の最初に置いたのは、先祖伝来の本能的な日本人的メンタリティを、氏がいかに豊富に受け継いでいるかを物語るものだろう。

さて、このことを踏まえた上で、日本文化の歴史を振り返って見ると、日本人が集めてきた衆知は、身近なものばかりではないことに気がつく。

十七条憲法や律令などに関しては、中国の知恵と仏教の思想を借りているし、議会制度を作るときはイギリスの知恵を採り入れた。中国に負けず劣らず、イギリスからの借り物は多く、明治天皇のミリタリールックや郵便ポストの赤い色など数え上げたらきりがない。

そういうふうに、日本人は、身近な仲間同士の衆知ばかりではなく、世界の文明の衆知をも集めることができる特性を持っているのである。

絶対に主体性を失わない日本人

他の国の素晴らしい知恵を集めるというのが、古代からの日本民族の習慣だが、不思議なのは、松下さんが日本文化の特徴の二で挙げているように、「他国の文化を吸収しても、日本固有の主体性を失わない」ことだ。

欧米人でもアラブ人でもそうだが、自分の主体性を持っていると、その主義主張だけを強く押し出して、他人の知恵に謙虚に耳を借そうとしないところがある。だから、自分のそれまでの価値観の中にないものは、徹底的にボイコットするのだ。

逆に、他国の文化が入って来ると、あたかもそれを受け入れることが文化的敗北であるかのような拒絶反応を示す。その中にある優れた発想や知恵を、積極的に学び取ろうとはなかなかしない。日本の貿易摩擦や文化摩擦などは、こういうところにも原因が考えられる。

では、日本はどうなのかと言えば、他国の知恵をいくら集めたからといったって、自国の主体性を失うことはない。いろんな色に染まっているように見えても、日本文化のアイデンティティーそのものは、絶対に持ち続けている。

他国の文化を採り入れたからといって、日本人はそれを敗北だ、屈辱だとは受け取らない。自分たちの文化に新しい彩りが加わったのだ、というぐらいに考えているのだ。そしていつしかそれを消化吸収し、平然と日本文化の一部に収めてしまうのである。

そういう特色があるからこそ、国家なり会社なりのひとつのユニオンに強い団結力と結集力が生まれる。世界に誇るべき日本企業のチームワークの良さは、絶対に主体性を失わないという特質に裏付けられているのである。

衆知を集められる度量が経営者には必要

「衆知を集める」ということを、具体的なビジネスへの応用という面からもう少し掘り下げて見ていきたい。まず、必要な衆知を、どうやって集めるかという問題である。

欧米では、上層部のボードメンバーだけで話し合い、決定したことを下へ徹底させるという、いわゆるトップダウン式のやり方を行う。

ところが日本は、最終的に話し合うのはボードメンバーだとしても、その前に社内の様々なセクションの意見を吸い上げようとする。経理部、営業部、配送係、工場係から受付に到るまで、いろんな社員の声を下からずっと上げて来て、その衆知をもとに、ボードメンバーがさらに衆知を集めつつ結論に持っていくのである。

そういうふうに、社内各部署の衆知を集めて検討を加えることができるようになるために、日本では優秀な社員は、あらゆる部署の仕事を経験させられる。販売のあとは経理、経理のあとは広告宣伝、そのあとは工場の代表者になり、いろんなものを全部経験した上で、管理職の座に就けられるのである。

逆に才能を認められなかった人は、経理なら経理、販売なら販売と、その一箇所でずっと仕事をすることになる。衆知を集めて、会社の大事な問題を検討するような能力に欠けるからである。

ところがアメリカの場合などを見てみると、たとえば大学で、マーケティングならマーケティングの資格を取ると、会社に入るときには初めからマーケティングの部門で採用され、そのまま出世してダイレクターや社長の地位にまで登りつめていく。そういうシステムだから、欧米では才能のある人間が出世するのは早い。

ところが、そうやってトップに立った人間は、あくまで一部門のスペシャリストであって、必ずしも会社全体の意見を反映した衆知をまとめることができるわけではない。そうすると、一部に対しては良くても、他の社員にとっては良くないような、トップの思い込みの激しい判断が出て来たりする。だから、成功する場合は成功するけれども、失敗するときには大失敗するケースが多いのである。

それに対して日本では、致命的な大失敗をする経営者が比較的少い。それは終身雇用制という伝統の中で、長いスパンで人材を教育し、トップに育てていくからである。そういう人間は、いろんな部署でいろんな経験を積んでいるから、みんなの和を保ち、多くの衆知を集めて判断できるような人間性が磨かれている。大企業の社長や重役にはそういう人が選ばれるからこそ、経営が極端に揺らぐことはない。

これが中小企業になると、否応なく一人が何から何までやらざるをえない。その結果、非常に経営がうまくなり、少々の荒波が来ても、衆知を集めてたちまち乗り越えて行け

日本の経営者は、和をもって、多くの衆知を集めて判断する

るようになる。だからこそ世界の企業と比べてみても、日本の会社は柔軟性や対応力という点で優れているのである。その代り、トップは年を取った人が多くなる傾向がある。

松下幸之助を成功に導いた三つの要素

経営者としての松下幸之助さんは、ご本人自身が、こういった「衆知を集める」ことに徹底した方だった。

その理由は、彼が小学校しか出ていないことにある。学問がないから、人の知恵をいかにしてうまく借りるかということに苦心されたのだ。

それから、小さい頃から病弱で、仕事をしていても健康に自信がない。だから、体力のある人に、自分のできない分を補ってもらおうとした。

また、自分自身が貧乏な家の出だったから、貧乏な人たちの気持ちを聴こうと努力したのだ。

だから、松下電器の成功の秘密は、創業者の松下幸之助に学歴がなかったことと、病弱だったこと、そして貧乏だったこと、この三つに隠されていたのである。自分にハンディがあったからこそ、衆知を集めようという姿勢が生まれて来たのだ。

では、貧乏で、学歴がなくて、病弱であれば、誰でも松下幸之助のようになれるのかというとそうではない。彼が何よりも「和」の精神を尊んでいたことが、ハンディの多い環境を乗り越えていく力になったわけだし、そこに時代の流れを的確に見ていくフレキシビリティが備わったのである。

フレキシビリティとは柔軟性である。彼は自転車屋で丁稚奉公をしていたのだが、これからは電気の時代がやって来るんだ、という直観力に従って、家電販売に乗り出した。時代の波を的確に読み、そこから柔軟に発想を展開していったことが、成功の要因になっているのだ。

シチュエーション・オブ・エティックスという言葉もあるが、状況によってものの考え方を変えていくという柔軟さが、神道の持つ特色でもある。それは、神道が多神教であり、バイブルやコーランのようなドグマがないので、新しいものを吸収したら絶えず原点に返って、また新しく出発していくということが可能だからである。

それは、日本古来の神域である伊勢神宮を見てもわかる。ここでは式年遷宮といって、二十年単位ですべての建物をリニューアルする。それが一千数百年も続いているのだ。二十年というのは、葺ぶきの神殿をリニューアルするのにちょうどいい期間であり、また、この神殿を建てる日本古来の建築技法やしきたりが、次の世代に受けつがれていくためにも適った期間といえる。こうして、技術や祭式が連綿と継承されていくと同時に、復古即新生と言うように、いちばん古い原点に返ることで、神社も新しい蘇りと息吹きを得るのである。

だから、絶えず新しい文化に触れながら、また自分の原点に返ってスタートする。それがあるがゆえに、神道というのは非常にフレキシブルで、他文化を吸収したときにも、すぐまた蘇っていく柔軟性が保てるわけだ。

リーダーは明るくポジティブな「和」を導け

フレキシビリティという意味で言うなら、まさに神道はその典型である。たくさんの神様が一緒に仲良く暮らしつつ、それぞれの神様の個性を尊重しながら、お互いを生かし合っている。だから、その違った個性に対して、お互いが非常に寛容であり、よいところがあればどんどん吸収し、学ぶことができる。

この神道的フレキシビリティが日本人の精神の根本にあるからこそ、どんな時代の激変に見舞われても、ドグマにとらわれて自分を袋小路に追い込むことなく、内から外からあらゆる衆知を集めて対応できる。そして、失敗があっても気にせずに、原点に返ってまた新しくやり直していく。

こういったエネルギーによって、日本というコミュニティ、企業というコミュニティの「和」が保たれているのだ。「和」というのは、絶えず進歩発展していく中に保たれるものである。停滞し、落ち込んでいく中に、本当の「和」は生まれない。ポジティブで明るいエネルギーに満ちた夢があって初めて、「和」がハッピーな状態だと言えるのである。

死んだ「和」ではなく、ビビッドな「和」を導くためには、物事が絶えず進歩発展していかなければならない。進歩発展するためには、衆知を集めなければならない。衆知を集めるためにはフレキシビリティを持つ必要がある。

こういった神道的な三つのポイントが、まさに松下さんの成功の秘訣であり、彼の求めた「和」の実現に、大きな役割を果たしたのだ。

松下さんに限らない。今の三つのポイントは、誰の心をも非常にポジティブに明るくするし、それから未来の夢をどこまでもかき立て、みんなが一つにまとまっていく団結力をもたらす。

つまり、日本型のリーダーに求められている資質がこれなのである。「和」の要となれるリーダーにこそ人はついてくる。特に今は企業にとって厳しい状況だからこそ、なおさら日本型リーダーシップによって、明るく柔軟に乗り越え、「和」を導くことが大切なのである。

●第五章●

～神道経営論実践篇～

サルタヒコ式中小企業経営術

中小企業が支える日本経済の屋台骨

これまでの章では、日本経済発展の秘密が、神道の考え方をベースとした固有の文化にあることをさまざまな角度から検証してきた。この章では少し角度を変えて、その進歩発展の法則を実際の経営に積極的に取り入れる方法を、私の経験に即してご説明しよう。

発展を続けてきた日本の企業も、現在は厳しい状況に置かれている。景気はようやく上向きかけたとはいえ、バブルのつけは大きく、企業の体力が完全に回復するまでにはまだしばらくの時間がかかるだろう。この稿を執筆している現在、際限ない円高の傾向は多少おさまっているものの、本来あるべき値以上の高値に円が安定してしまった感は否めない。輸出をメインとした中小企業が大ダメージをうけたところへ、外国企業からの攻勢は容赦なく押し寄せ、内外の大規模な資本がさまざまな業種に触手を伸ばしている。このような状況の中で、資本の乏しい中小企業はますます厳しい現実を強いられているといえよう。

中小企業とは、資本金一億円未満または従業員300人未満の法人企業、または従業員300人未満の個人企業をさす。ただし、卸売業の場合は資本金3000万未満または従業員100人未満、小売業またはサービス業の場合には、資本金1000万未満または従業員50人未満を基準としている。

このような中小企業が日本の企業全体に占める割合は、実に99パーセントに達している。つまり、名の知れた大企業のみではなく、普通の人はあまり名前を聞いたことのないような無数の中小企業こそが、日本経済の屋台骨を支えているのだ。私たちの未来を照らすものは、マクロ的な経済学ではなく、中小企業という現場経済なのである。

神道では、現実に役に立たないものは意味がないと考えている。このような経済の時代の中で、経営者が求めているのは聞こえのよい理論ではなく、実際の経営の中にある呻吟、葛藤、悩みを具体的に解決する方法なのだ。

従来、「経営コンサルタントが会社経営をして成功した試しがない」と言われてきた。自ら会社を経営した経験もなく、きれいごとではない現場の辛苦を味わったことがない

日本経済は、全体の99%にあたる中小企業が支えている

コンサルタントが、経営者の抱える現実直下の悩みに答えられないのは当然のことだといえよう。

私は経営コンサルティングを行う一方で、自分自身もいくつかの会社経営に携わっている。そしてその全てが、分野で一、二を争う実績をあげている。私のコンサルティングはすべて私自身の経験と成功の実績に基づいたものだ。そして、その経営理念は、これまで述べてきた日本企業の特色である神道的な考え方を現場に合わせて、より徹底したものであることを申し添えておく。

いくら不況が深刻化しているからといっても、日本中の中小企業が全て根絶やしになるというものではない。しかるべき道にしたがって、日々努力すれば、必ず生き残ることはできるのである。

さらに言えば、どんな業種であっても、中小企業の経営者が直面する困難や緊迫する状況には、実は一定の法則とポイントがあるのだ。日本経済がこれから先、さらに栄えゆき、世界の調和を牽引していくためにも、それぞれの経営者の方には是非、この苦境を乗り越えていただきたいと思う。そのような思いから、本書の最後に、特に中小企業の経営者の方向けに、実践的な神道経営術を付け加えることにした。

経営の神様は芸能の神様

日本にはいろいろな神様がいらっしゃるが、経営の神様はどなたかズバリ申し上げると、それは猿田彦の大神様である。

もちろん、拙著「大金運」や「絶対成功する経営」（共に、たちばな出版刊）に書いたように、志気を高めるには青龍神、売上を伸ばすには蔵王権現、資金回収は三宝荒神、集客力を高めるのは三面大黒天など、いろいろな神様がそれぞれの場面で助けてくださる。しかし、どの神様のようになれば経営がうまくいくのか、経営者はどの神様と一つになって経営すべきかといえば、猿田彦様を置いて他にはないだろう。

猿田彦の神は天孫降臨の際、天の《アメノ》八衢《ヤチマタ》に出迎えて、先導を申し出た国津神の長である。十メートルを越す大きな男の神様で、鼻は異様に高く、口もとは赤く輝き、目は鏡のように光っている。

このとき猿田彦の神と相対したのが、天の岩戸の前で踊りを踊ったことで知られるアメノウズメノ命である。二人の神の対話は『日本書記』に次のように記されている。

乳房も露に高笑いをしながら現れたアメノウズメノ命に対して猿田彦の神が問う。

「アメノウズメよ、お前はなぜそのようないでたちをするのか？」

「それより、天孫が降臨しようとする道にいるお前こそ誰か。名を聞こう」

「天孫が降臨すると聞いた。だからお迎えしようと待っているのだ。私は猿田彦の大神である」

「よかろう。お前が先に行くか。それとも私が先導するか」

「私が行こう」

何気ない会話のように思えるかも知れないが、玄と妙にあふれた見事な問答である。

つまり、このような形式を踏むことによって、天孫降臨がスムースに進むという芝居がかったやりとりなのだ。

いくつもの顔を使い分けるのが経営

猿田彦の神様は演劇の神、芸能の神様として知られている。

経営者は、この猿田彦の神の働きを手本にしたらよいだろう。つまり、あらゆる場面でそのときどきの役柄を演じ分けるということ、経営というものを一つのドラマとして常に盛り上げていくことである。経営者というのは役者さんに徹するべきなのだ。

実際、経営者というのは、一人でいくつもの顔を持ち、それぞれの役柄を完璧に演じきらなければならない。

①販売管理
②財務管理
③労務管理
④資金調達
⑤税金対策

この五つをバランスよくできなければ、立派な経営者とは言えないのだ。

販売ができても財務が甘かったら計数に暗いと言われる。経営ができても販売ができなければ消極的だと言われるし、労務ができなければ人望が薄いと言われる。資金調達ができなければ、会社は回転していかないし、税金対策が甘ければ利潤が残らない。

それぞれの場面では、当然付けるべき面、演じるべき役柄は違う。相手に合わせ、状況に合わせて、さまざまな面を付け替え、役を演じ分けて、ドラマを盛り上げていかなくてはならないのである。

販売や営業のときには、新しい会社は先行しているメーカーを押し分け、追い越していかなければならない。そのときには突撃隊のような面を付けて、決死の覚悟で取り引き先に赴く決意が必要だ。販路をいかに広めていくのか、どうやって売上を上げるのか、どうやって利益を上げるのか。

次はパッと面を変えて、今度は財務管理。余計な経費を削り、なるべく無駄を省いて、どうすれば有効な資金の運用ができるのかということをシビアに計算する。

それから、またパッと面を変えて労務管理。

「おまえ、どうしたんだ。ボケーッとして、ホウレンソウ（報告、連絡、相談）はどうしたんだ！」

と、あまり腹を立てていなくても、叱らなければならないときは、腹を立てているような顔をする。

あるいは、本当に腹を立てていても、

「あれ、どうしたの君らしくないじゃないか。何か心配事でもあるなら相談してくれよ。期待してるんだからね」

と穏やかに励ます。

ほとんど気分は分裂症。わがままな奴もいるし、素直でいい子なのに仕事ができない奴もいる。緩んでいるときには締めなければいけないし、ときには、夢と希望を与えて、気分をリラックスさせてあげることも必要だ。人間というのは生き物だから、相手の精神状態とその場の状況を的確に判断して、最も効き目のあるような面をパッと付け替えなければならない。みんなドラマであり、お芝居なのだ。

優秀な経営者というのは、みんな役者さんである。盛り上げるときは盛り上げるし、憮然とするときには憮然とし、グワァーっと怒っているかと思ったら、パッと普通に変わる。面の付け変えをしないと、人というのは育成できないのだ。

それから資金調達。銀行にお金を借りにいくときは、どんなに経営が悪化していても、当然自信満々という面を付けていかなくてはならない。税金対策は、「先生、先生」と言って、税理士や公認会計士の顔を立てながら、決して言うことを鵜呑みにはしない。まさかの時に責任を取るのは自分であり、税理士が責任とってくれるわけではないのだ。だから、自分も勉強し、丁々発止でやりあって、お互いの全知全能を絞り出す。

すべては面の付け替えなのだ。猿田彦様のように演技をして、ドラマを組み立てて、盛り上げるときには盛り上げる。苦しくても笑い飛ばす。ときには泣き落とす。

もうお気づきだと思うが、この発想は第一章で紹介した七福神の思想と裏表の関係にあるのだ。外国の神様だろうが何であろうが、福をもたらしてくれるならば全て受け入れてしまおうという七福神思想。これを外に向けて作用させると、「それでうまくいくならば、どんな役割でも積極的に演じてみせよう」という猿田彦の神の働きになる。

あるいは、三十三相に化身される観音様。つまり、現実的な経営の場面においては、一即多でなければならない。もっともてっとり早くそれが出来るのは、演じるという方法なのである。

経営者は猿田彦様でなければならない。自分が経営者として能力が足りない場合は、「どこが足りないのでしょうか。化身ができて、五つのことがバランスよくできるために、猿田彦の大神よ、功徳を与えたまえ」

と祈り、導いていただくことである。

はじめに販売ありき

経営者が考えなくてはならない五つの課題の中で、一番大切なのは何だろう。

会社というのは利潤を追求することを目的とするものである。企業の全ての営みは、要は資金の流れだということができる。だから、経営に一番大切なのは資金繰りだという人が多い。しかし、私はどう考えてもそれは違うと思うのだ。

売上げが一銭もないのに、資金を繰ってどうするのか。いくら支払いの期日を伸ばし

優秀な経営者は、会社を守るために演技力が優れている

ても、その間、利益が上がらなければ、一日ごとに負債が増えていくだけだ。
経営が軌道に乗っている会社で、債務を担当したら、はじめて資金繰りが大事という
ことになる。しかし、創業したばかりで、これから大きくしていこうというような会社
は、繰る前に資金がないのが普通だ。
だから、何と言っても大事なのは、まず販売である。売上を上げて、しかもその利益
率が高ければ、それに越したことはない。利益率が低ければ、二倍も三倍も売上げを上
げることである。お金が入ってきて、はじめて資金を繰る楽しさが出てくるのだ。
資金繰りにも幸せな資金繰りと悲しみの資金繰りがある。売上があがらず、利益率も
乏しければ、どう繰っても先は見えてこない。これは悲しみの資金繰りである。
売上が上がり、利益も上がっているときは、資金繰りも楽しい。これが幸せの資金繰
りだ。売上が上がっていても手形を切ったら、そのときまでにお金が間に合わなければ
不渡りということになってしまう。いわゆる黒字倒産ということも確かにある。
しかし、売上もなければ利益もないのに、はじめから資金繰りが一番というのは、ど
う考えてもおかしい。だから、経営者はまず何を考えなければならないかと言ったら、

販売であり営業なのである。

小さな会社の場合は、経営者自らが販売の先頭に立つことが必要だろう。そのときは、猿田彦のように面をつけかえ、突撃隊の切り込み隊長のごとくなる必要がある。鬼のような積極性を出して、とにかく売る。売って、売って、売りまくることである。

開発は取締役をひきずり出せ

売上をあげるためには、販路を拡大することが大切である。それには、とにかく、「ここだ！」と思うところへ真っ正面から飛び込んでいくことだ。そのとき、いちいち担当の窓口を通すことなどない。

とにかく取締役以下には会わないこと。はじめから、取締役仕入部長のような決定権を持った人間に会うことがポイントである。

ところで、日本の場合、若い経営者というのはなかなか信用してもらえないものである。私は二十六歳で事業をはじめたから、これでずいぶん苦労をした。当初は、私の肩書は常務ということにしておいて、他のある程度の年齢の方に社長をお願いしていた時期もある。しかし、常務にしてもやはり世間から見れば若すぎるようだった。歳ばかりは、面の付け替えでは誤魔化せないと思うかもしれない。しかし、猿田彦式の知恵を使えば、この問題もやりようでクリアできるのである。取締役に直接会う方法、その後若い私でも信用してもらえる法、商談をまとめる方法など、幾つものやり方とノウハウがある。それだけで一冊の本になってしまうからここでは省略するが、こうした内容は菱研の月例セミナーで話しているので、興味のある方はぜひ一度お聴きいただきたい。ともあれ、最初から無理だと決めつけず、けっして諦めずに工夫すれば、必ず道は開くものだ。

バランスシートを一日でマスターする

販売がした全ての仕事は資金の流れとなってでてくる。どのように資金が流れて、どこへ行くのかを具体的に処理するのは会計経理である。その様子を見ながら、

「ああ、これはどうも利益率が低いから、売上をあげても会社として留保が残らないな。もうちょっと利益率の高いものに変えて、相手も絞るべきだ」

と方向をだすのが、財務管理だ。

財務管理が一番大切だという人もいるが、お金が入ってこなければ管理のしようがないわけだから、やはり販売が先だろう。販売の確立している大きな会社だったら、会社の動脈である資金の流れを司る財務管理が次に重要になってくるのである。

財務管理はお金のやり繰りだけを見ていてはできない。貸借対照表と損益計算書を読んで、全体を把握しなければならない。

損益計算書には、毎月毎月が、損か益か、儲かっているか儲かっていないかということが表記されている。金太郎飴のようにスパンと切ると、儲かってニコニコ笑っている顔や利益があがらずに泣きそうになっている顔が出てくるのである。

貸借対照表では、まず流動資産がどれだけあるかということをみる。つまり、現金に還元できる資産がどれだけあるのかということだ。それによって、いざというときにどれだけお金を回せるかという判断ができるのである。

もっとも流動資産だけあっても、固定資産がなければ、企業体力がないということになる。経営者は全体のバランスを総合的に整えなければならない。

バランスシートを読むのは、そう難しいことではない。一日あれば、たいていマスターできる。とは言っても、本を読んで勉強するのは大変な手間がかかる。経営者には本を読んで勉強する暇などない。そのために顧問料を払って税理士を雇っているのだ。分からないことは専門家に聞けばいいのである。

「先生、一日勉強会を開いてください。是非、先生の教えを請いたいと思いまして」

と言って、最高級のお寿司を用意する。

だいたい専門職の人は、自分の知識を披露することに幸福を感じるものである。だから、頭を下げて、相手のプライドを持ち上げて、一時の幸せをもたらしてあげることが、猿田彦流の知恵なのだ。

「すいませんが、この最初に書いてある××費っていうのは、何ですか?」

「あっ、これは借方の勘定で」

「すいません。ポイントだけ教えてください」

「ええ、これはこういう意味で、このように見ます」

「あっ、なるほど。じゃあたとえばこういう場合は？」

「そういう場合は、こうなりますね」

一つひとつの項目を順番に聞いていけば、簡単に理解できる。漢字はやたら難しいが、要は自分の会社でやっていることが記載されているだけのことなのだから、内容は経営者が一番よく知っているのだ。

ただし、これではまだバランスシートを読んだということにはならない。問題はここからである。

「今月の月次決算を見て、どう考えたらいいんですか。コンサルタントしてください」

「ここの費用は無駄ですから、削減するようにしてください」

「わかりました。どう削減すればいいんですか」

「それはわかりません」

「先生が顧問をなさっている会社でも似たようなケースがありますよね」

「ええ、ありますね」

専門家に、猿田彦流の方法で何でも聞いてしまおう

「その会社では、こんな場合どういうふうにしておられますか？」

「ええと、私の知っているところではですねぇ」

という具合に、税理士さん、公認会計士さんに一つひとつ聞いていって、実際に現場で遭遇している問題点に則して、どう越えればいいのかという知識を吸収してしまうのだ。いくつもの会社のケースを見てきたベテランなら、色々な知識を持っているので、それを全部教えてもらう。

実際に私は、この方法でバランスシートの読み方を一日でマスターした。それでも分からないところがでてきたら、どうすればいいかというと、電話をして聞けばいいのだ。

「こんなことが書いてありますが、どういう意味ですか？」

「それは、こういう意味です」

「あっ、分かりました。ありがとうございます」

たいていのことは電話一本ですむ。

これが、動くコンピュータ、動くティーチングマシンの使い方である。

専門家をバカにしようとする努力が必要

税理士や公認会計士などの専門家の先生方は、責任を持たないで、いろいろ偉そうなことを言ってくださるからありがたいのである。だから、ありがたがって、専門知識は教えていただくが、決して言うことをそのまま鵜呑みにしてはいけない。ここら辺が、猿田彦式面の使い分けのポイントである。

これは長年私が貫き通している持論なのだが、専門家に対しては心の中では、バカにしてかかるべきなのである。そう考えないと、なんでもかんでも専門家の先生の言うことをそのまま聞いてしまうことになるからだ。

考えていただきたい。裁判で負けたら、弁護士が保証してくれるのか。税金を取られすぎたら税理士が返してくれるのか。会社が潰れたら、誰が責任を取るのか。

専門家は「いやあ、力不足ですみません」とは言うが、絶対に責任は取らない。あたり前の話だが、責任は全て経営者にあるのだ。

だから経営者が一番偉いと思うことだ。税理士、会計士、弁理士、弁護士にお金を払っている経営者が一番偉い。自分で経営して儲ける力がないから、専門職になって無責任なことを言っているのだというくらいに、バカにしきってしまったほうがいいのである。

読者の中にこうした専門職の方がおられたら申し訳ないが、この項は、儲かる経営者になっていただくための心構えを説いているのであって、専門職の方にうらみがあるわけではないので、ご了承いただきたい。もちろん、儲かる専門職になるための心構えというのもあるが、これはまたの機会にさせていただく。

しかし、知らないことを教えてもらいながらバカにするということは普通なかなかできないものである。最初からこれができる人は、よほど性格が悪い人だといわなければならない。経営者はときには性格が悪い役も演じなければならない。その役に徹することも要求されるのである。

最初から性格が悪くない人は努力が必要だ。税理士さんをバカだと思う努力、会計士さんはマヌケだと思う努力。弁理士さんは愚かで、弁護士さんに至っては、大バカ、トンチキのお調子野郎と思ったほうがいい。ただし、軽蔑しろというのではないので、そのつもりで。

もちろんはじめは専門知識を吸収する。勉強させていただくことは必要だ。しかし、経営者たるもの、それを追い越すぐらいの知識を持たなければならない。

「弁護士さん、こういうような論理はどうでしょう。こういうふうに持って行ったらいいんじゃないんでしょうか」

と経営者のほうからどんどんアイデアを出して行って、どちらが弁護士か分からないくらいの論議ができるようにならなければ、専門家を使いこなしてるとはいえない。

自分の意見をしっかりと持って、丁々発止とやりあうような関係が、専門家の先生方と経営者の麗しい関係である。

「こんな考え思いつきませんでした」

と税理士さんに言わせる。

会計士さんが唖然とするような考え方、弁護士さんが感動するような論理立てをしてみせる。それぞれの先生を人の役にたつ優秀な専門家へ育てていく。それくらいの覚悟を経営者たるもの持つべきだろう。

労務管理は忍耐につきる

他の経営の本でも再三触れたことだが、中小企業に優秀な人材がいないのはあたり前のことだ。好きこのんで中小企業に就職しようというエリートはいない。中小企業に来るのは、友人か親戚関係を除けば、みんなどこかでドロップアウトしてた人なのである。だから、はじめから期待しないこと。従業員をあてにせず、全てを一人で切り盛りするのだという覚悟を経営者は持つべきなのである。

つい先日も、友人の経営者から、こんな笑えるような笑えないような話を聞いた。もちろん、中小企業での出来事だ。

あるとき、会社に戻ると「A社の後藤さんよりTELあり」とメモが置いてあったという。そこで早速後藤さんに電話をして、

「もしもし、先程お電話いただいたそうで」

と言うと、

「えっ？　してないよ」

とおっしゃる。

「でも、電話があったと書いてありますけど」

「してないよ」

「えっ？　忘れてらっしゃいませんか」

「いや。してないものはしてないんだよ」

ということになった。

電話を受けた従業員に、

「おい、後藤さんじゃないじゃないか」

と問いただすと、

「はぁ。A社から電話があったんです」

という返事。

「A社から電話があったって後藤さんとは限らないだろ？」

「でも後藤さんが多いです」

「多いですよ。多いけど他の人だって電話をかけてくるだろ？」

「はい。でも私は後藤さんが多いと思います」

「そりゃあ多いけど。電話があったというメモは多いものを書くのか。誰からかかってきたんだ？」

「えっ、誰だったかな。後藤さんだったと思いますけど」

しばらくたったら向こうから電話がかかってきて、金子さんという方だと分かった。

「おい、電話をしたのに、どうしてかけてよこさないんだ」

「ああ、金子さんでしたか。申し訳ありません」

ただひたすら謝るしかない。

電話がすんで、先程の従業員に、

「金子さんだよ、金子さん」

と言ったのだが、

「ああ、金子さんでしたか」

と、すましていたという。

こんなことは中小企業ではよくあることである。

もちろん、猿田彦式に面を変えて、人に合わせていろいろな指導をすることは必要だろう。それで大分良くなるのも事実だ。

しかし、基本はひたすら忍耐に尽きる。「人を使えば苦を使う」というが、従業員は、経営者の思うようには決して動いてくれないのである。労務管理とは、中小企業の場合、忍耐、寛容、諦め、と考えていただきたい。昨日よりも今日、今日よりも明日少しづつ進歩発展していけばよいと、おおらかな気持で従業員を育てていくことだ。諦めたところから、人を生かし、己を生かすことができるのである。

そして、中小企業の経営者は絶対に従業員をあてにしてはいけない。

銭勘定はバラバラでもいい、最後は自分でピシッと締める。税金も自分で払いにいく。電話でもA社からだということだけ分かればいい。名前はバラバラでも、予知能力を働かせばいい。資金回収も一回目だけは任せて、後は自分でいく。

優秀な人材がいないということは素晴らしいことである。だからこそ、経営者は向上せざるを得ないのだ。あらゆることを自分でしなければならないから、あらゆる才能が磨かれるわけだ。そんなふうに考えるのが猿田彦式の知恵なのだ。

二代目三代目社長の問題点

神道的な考え方の一つに世襲制というものがあるということを一章で説明した。この伝統は企業社会の中でもしっかりと根づいている。特に中小企業の場合、二代目、三代目の社長というのは、ほとんどが創業者の子や孫である。

ただし、この場合注意しなければならないのは、すでに形の出来上がったものを引き継ぐので、従業員が自分についてきてくれることを当然と考えて、そのありがたさが分からないということだ。感謝の心が湧いてこなければ、欠点ばかりが目につく。

「Aさんはテキパキしているが、自分勝手に物事を進める傾向があって、協調性にかける」

「B子さんは一番の古株で、何かとしきりたがるが人望がない」

優秀な人材がいないということを嘆くな。そのため、経営者はいろいろな才能が磨かれるのだ

「Cさんはふだんは明るいが、失敗するとすぐにめげる」

という具合だ。

中小企業はチグハグな人間が集まって、お互いの欠点をカバーしあいながら肩をよせあってやっていくものなのだ。経営者たるものそれを包括するだけの心を持たなければならない。不満が先にたってしまうと、これが辛抱できないのだ。

だから、息子さんや娘さんに後を継がそうと思うなら、いきなり自分の会社で働かせて仕事を覚えさせるのではなく、奉公に出すつもりで、どこかよその会社で三年くらいみっちりと勉強させたほうがいい。人の上に立つには、下で働く人間の気持ちを知らなければならない。そうでないと一生涯従業員に不満を持ったまま会社を経営することになる。従業員にとっても経営者にとっても、これほど不幸なことはないだろう。

人間というのは、急に大きく立派にはならない。土光敏夫も松下幸之助も、みんな悩んで大きくなったのだ。仕事に対する自覚やそれに必要な物の考え方、そして何より与えられたものに対する感謝の心というのは、苦労を重ね葛藤を経る中から、環境の中で育っていくものなのである。これは、神様がつくった自然の法則だ。魂を練っていくということは、自然の法則に従って手間、暇をかけなければできないのだ。

絶対倒産しない方法

経営にとって一番大切なのは資金繰りだという人も多い。確かに、資金繰りが悪かったら、売上が上がっても倒産する。だから、私はまず、絶対に倒産しない経営というものを追求した。なぜ会社が倒産するのかというと不渡りを出すから潰れるのだ。約束手形が期日に落ちないことを普通、倒産という。

不渡りがなければ、滅多に倒産はない。不渡りがないようにするにはどうすればいいかと言うと、手形を切らなければいいのである。だから私は、自分の会社の約束手形は永久に封をして、一度も切ったことがない。

この話を私の父が、当時住商繊維の部長をしていた叔父に話したことがある。

「わしのところでは、こんなことやっとるんじゃ」

と父はこぼしたのだが、叔父は、

「おっ、兄ちゃん。それは凄い会社やで。素晴らしいこっちゃ。わしらのところもそれをしたいんだが、できないんだ。それを貫いてるとはエライ」

と褒めてくれたのだ。

それで父は、

「お前、偉いみたいやで」

とコロリと変わった。

「だから言っただろ。絶対潰れない経営を貫いてるんだ」

「フーン」

と、ようやく父も納得したようである。

やはり、普通はピシッと手形を切るのが会社の信用だと考えるものだ。ところが、本当はそんなことはないのだ。支払う現金がないから手形を切る、それだけのことにすぎない。

もちろん、最悪お金が払えないときはある。そんなときは、誠意を尽くして頭を下げて、

「すみません、待ってください」

と頼むしかない。

ただし、同じ待ってもらうのでも相手によって面を付け替える必要がある。それをどう演じきれるかが、経営者の度量なのである。

まず、大家さんに対しては低姿勢ながらも卑屈にならず、

「ちょっとお家賃のほう待っていただけないでしょうか。この不況ですので。すぐに回復するメドもたっていますので、今月はちょっと」

と低姿勢ながらも卑屈にならずに言わなければならない。そのように言えば二ヵ月くらいは何とかなる。

あるいは「取り込み詐欺にあいまして」「泥棒に入られまして」と、何らかの言い訳をしてもよい。「私は嘘などつけません」という方がいるかもしれないが、言い訳もせず相手に不安を与えっぱなしにしておく方が、よほどひどいと私は思う。相手に不安を与えないというのは大いなる愛なのである。

従業員に対しては、内情をある程度説明して、

「ともにこの危機を乗り切ろう。我が社の前途は、君たちの努力によって洋々たるものになる」

とあくまでも志気を鼓舞しつつ、給料の支払いを半分待ってもらう。給料が半分になっても「頑張るぞ！」という気持ちが奮い立っていたら、それは従業員にとって幸せな状態である。たとえやむを得ず給料の半分の状態でも、皆が仕事に燃えてやりがいを持っていける、そういう会社にするのは、経営者の力量のひとつといえる。従業員を幸せにするのは経営者の義務なのである。

もちろん、経営者は常に従業員とともにあらねばならないから、自分の給料を真先にカットするのは当然のことである。

そして、次は取り引き先ということになる。

支払いの期日が来てからでは遅い。危ないぞ、と思ったら一週間くらい前に行って、

「こういうわけでございまして」

と真正面から頭を下げる。

「支払いが続くということは長いお付き合いができるので、これもよきご縁かと思いま

す」

と明るく説明することだ。

とにかく相手に不安感を与えてはいけない。支払いもゼロにはせず、三分の一ずつぐらいにして、入金は早めにもらえるようにひたすら頼み込む。

これで一ヵ月はかせげるが、翌月にはまた支払いがある。こういうときの一ヵ月というのはすぐ過ぎてしまうが、カレンダーに注意をして、今度は支払い費の十日くらい前に行く。そして、

「〇〇社さんにも××社さんにもご協力いただいて、御社が最後でございます。我が社の命運は御社の気持ち一つで決まるんです。何とぞよろしくお願いします」

と言って、カーッと思いっきり頭を下げる。

頭を下げたら一分間は上げてはいけない。二分でも三分でも頭を下げつづける。プライドも何もかなぐり捨てて、誠心誠意を形に現すのである。

本当に従業員のことを思うならば、これができるはずである。本当にお金がなくても七重の膝を八重に折れば、三ヵ月は凌げる。

その間に、株を現金に換えたり、土地を担保に入れたり、危い橋だけは渡ってはいけないが、できる限りの方法で資金を調達すればいいのだ。

税金はキチンと払おう

猿田彦式実戦経営術の五番目は、税金対策ということになるわけだが、税務署というのは小手先のテクニックで何とかなるところではない。経営者の考える方法をあらゆる角度から分析して、ひとつボロを発見すれば、徹底的に突っ込んでくる。

たくさん税金を払うということは、それだけ儲かっているということだから喜ぶべきことだと私は思っていた。

「どうかたくさん税金を払えるような会社にしてください」

と神様に発願をして、実際そうなることができた。

ありがたいことである。ありがたいことではあるが困ったこともある。税務署から見れば、会社というのは税金を払うためにあるのかも知れないが、経営者には従業員とそ

経営者たるもの、会社の危機には身を挺して守れ

の家族を食べさせていく責任がある。それが十分にできた上でたくさん税金を払えればそれに越したことはないのだが、実際問題としては限りある利益をどう配分するのかというシビアな問題になる。

売れない在庫、いわゆるデッドストックを決算期を過ぎても持ち越していれば、それに対しても税金がかかる。デッドストックは特に小売業にとっては死活問題である。

こういうときは、何とかして売れれば一番よいわけだが、場合によっては、品物を燃やしてそれを写真にとって税務署にみせるというような荒技も必要になる。税金対策とはそれほど厳しいものなのだ。いずれにしても、正攻法に勝る良策はない。もちろん、不正などはもってのほか。そんなところに力を注ぐぐらいなら、1個でも多く売る努力をすることである。あとは、会計士や税理士を信頼しすぎぬことだが、これは前述した通りである。

バランス感覚のある企業が生き延びる

千変万化に仮面を付け替えて、経営の基本の五つをバランスよくこなしていく、そして、どんなことがあっても、いつも前向きで明るく発展的な姿勢を持ち続けること。これが猿田彦式の経営術の基本である。

企業は「ゴーイングコンサーン」である。

一般に企業寿命は三十年と言われているが、収益を上げ続けた期間が長ければ長いほど、いい会社ということになる。

どんな小売店でも、小さな卸店でも、製造業でもサービス業でも、利益をずっと上げ続けるということは本当に難しいことである。経費は変わるし、顧客のニーズは変わる。最近は商品サイクルも短いから、次々と商品開発をしなければならない。

新しいアイデアではじめても自由競争だから、すぐにライバルが現れる。いいなぁ、という業種はすぐに新規参入が入って競争がはじまる。競争がはじまったら、値段が安く、品質が良く、サービスが勝るところが生き残っていく。ちょっと油断をすると、すぐにやられてしまう。

だから、経営というのは精進努力を絶やすことはできないのである。小なりといえど利潤を上げ続けている経営者は偉い。それだけの精神力と精進と、バランスの取れた物の考え方と、事業の進め方ができているということだ。どこかが偏っていると、いびつになって収益性に跳ね返ってこないものだ。

優秀な企業、すなわち生成化育進歩発展している会社の経営者に共通していえることは、まず第一に自分の仕事に誇りを持っているということである。何の業種でも、今自分のしている仕事を「これが俺の天職だー！」と確信しているのだ。天職であるかどうなのか、もっと違う仕事のほうが向いてるのではないか、という迷いが、人間の仕事の能力、集中力、没入力を弱くしている場合が多い。

次に言えることは「世のため人のため」と考えていることだ。これは言い方を変えれば「お客様第一主義」の精神ということができる。

「お客様は本当に喜んでくれてるだろうか」

「お客様は何を求めているのだろうか」
常にそう考えていれば、おのずと愛と真心が入ってくる。奉仕の精神ということだ。お客様に対してだけではない。従業員や自分の家族に対してもこの精神を持っていれば、社内も家庭もすべて円満にいく。そして、それが全て仕事にかえってくるのである。「私の天職だ」と思うことと「世のため人のために役立っているんだ」と思うこと。この二つの思いを持つことによって、仕事に対して熱が入り、魂が入り、心が入っていくのである。

しかし、それだけでも駄目だ。そこで、はじめの話に戻るわけだが、企業というのは、利益を上げ続けなければならないのだ。ボランティアと大きく違うところは、その点である。天職と思い、お客様第一主義ということだけなら、薄利多売でやればいいのだが、利益がでなければ従業員も抱えられない。ボーナスも払えなければ、社員旅行につれていくこともできない。利潤があがらなければ結局、奉仕の精神を続けることができなくなるわけだ。

この、利益をあげるということに対して罪悪感を持ってしまうと、経営というのはできない。経営者で信仰を持っている方は多いが、あまり神様のことばかり考えていると潔癖に偏り、ついついこうした自己撞着に陥ってしまうことがある。

これもやはり、要はバランスの問題なのだ。全てをバランスよく整えれば、必ず経営はうまくいく。人間というのは、自分の得意なことは言われなくても進んでどんどんやる。経営者にしても、営業一本でやってきた人、ずっと経理畑を歩いてきた人、製造部門にたずさわってきた人と、それぞれタイプがある。得意な分野があれば、当然苦手な部分もあるはずだ。

しかし、経営者というのはオールマイティでなければならない。苦手なことをやらないでいると、中小企業はすぐに潰れてしまうのだ。だからこそ、猿田彦の神様を心に祈りつつ、あらゆる場面で役柄を演じ分け、経営というドラマを盛り上げていく努力が必要なのである。

深見東州先生が所長を務める経営コンサルティング会社

㈱菱研《ひしけん》」（英語名「B. C. CONSULTING」）のご紹介

神霊研究家・宗教家としても著名で、また自ら十数社の会社経営に携わっている深見東州先生が、所長を務める経営コンサルティング会社、それが㈱菱研です。18年間の会社経営の実体験から出てくる的確なアドバイスと未来予測により、これまでに多くの悩める経営者達が救われています。

従来、「経営コンサルタントが会社経営をして成功した試しがない」と言われてきました。経営者は、聞こえがよい理論などを求めているのではなく、実際の経営の中にある呻吟、葛藤、悩みを具体的に解決する方法を求めています。にもかかわらず、自ら会社経営の経験もなく、その呻吟も感じたことがないコンサルタントでは、その悩みに答え切れないのも当然でありましょう。

しかし深見先生の場合は、経済や経営の理論は勿論、自ら経営者として成功を収め、会社の経営者の折々の気持ちを、肌で感じながらコンサルティングを行なっています。

さらに、禅や四書五経などの、古今東西の古典や人間哲理に精通し、その奥深くて温かい指導は、常に経営者の胸を打ち、やる気と勇気を鼓舞致します。そして、そこに神霊家としての未来予測が加わるのです。これが菱研の大きな特色であり、今まで沢山の企業の業績を向上させてきた理由です。

ところで、経営者として、どのように信仰と経営を両立させるかという点も、菱研の探究するテーマのひとつであります。

世に名を残した経営者は、公にしない場合が多いものの、そのほとんどは何らかの信仰を持った方々でありました。有名なところを挙げると、松下幸之助氏は自分で作った「根源神社」を朝夕拝み、また「弁天宗」や石清水八幡宮等の熱心な崇敬者でありました。出光興産の出光佐三氏は熱心な宗像大社信仰、西武の創始者である堤康次郎氏は熱烈な箱根神社信仰、京セラの稲森氏は「生長の家」、協和発酵の加藤氏は在家仏教、キャノンの御手洗氏は観音信仰、土光氏は法華経信仰…等、枚挙にいとまがありません。こうした経営者は皆、普遍的な信仰と経営を両立させていました。そして事業を通じ、世に善なる影響力を発揮して、社会や従業員を繁栄を通じて幸せにしてきたのです。

一般的に言えば、企業においては取締役クラスなど、社会的影響力が大きく、また自らの責任を自覚している人ほど、普遍的な意味での信仰心を持っているケースが多いと言えましょう。とりわけ中小企業の場合は、一つ決断を誤れば即倒産という危機を迎える可能性があります。その緊迫の中で、孤独を痛感し、未来への不安や恐怖の中で責任を全うするべく、信念の基となる信仰が自然に芽生え、また、努力だけではない運・不運の現実の運営や人との出会いの不思議さを感ずるなどして、目に見えざる存在の実在を感じ、それが普遍的な信仰心まで高まった方が数多くおられます。そういう方々の気付いた事柄を理論的に、あるいは実際面に基づいて極めつつ、諸々の悩みに答えるために、菱研は活動しているのです。

ではなぜ、神霊研究家であり宗教家でもある深見先生は、会社経営に携わり、コンサルティングもされるのでしょうか。

現代は、民主主義・資本主義・国際主義の時代です。その時代の中にあって、時代を超えても変わらない普遍的な宗教性を、人間の本質をとらえつついかに現代に生きる人々や社会の中に生かすのか、というテーマに真剣に向かうことが、宗教の本質であり、真にすぐれた価値を発揮する現代宗教であると深見先生は考えておられるからです。

現在、日本の労働人口の8割がサラリーマンとして、商工業を中心とする経済活動によってその生計を立てています。この日本社会において、親鸞が親しく民衆に接し、和光同塵的に民衆とその生活を同じくした如く、深見先生はサラリーマンも経営者も経験し、経済活動の中に身を置く一社会人としての立場を保ち続けているのです。だからこそ宗教家として、人々が今何を求め、何を苦しんでいるのか肌で感じることが出来るのです。本書や名著『大金運』（たちばな出版刊）をはじめ、人々の悩みを鮮やかに解決する深見先生のベストセラーの数々も、その中から生まれたものです。

現代は、豊かな時代、経済の時代、民主主義の時代です。この時代の実情を全く無視し、宗教が精神と心の救済のみを謳《うた》うことは、古い時代の宗教概念に拘泥するあまり、今の人々の幸せを求める現実の必要性に答え切れていないのではないかと信じます。無論、精神と心が主であり、物質の豊かさは従であるべきですが、その両面を救うことができる時代が現代なのです。その中で、コンサルティングや宗教活動を通じ、人々を精神的側面・物的側面の、両方から救おうとされる深見先生の姿勢は、まさに現代という時代に生き、この時代に合った形で人々を救済し、幸せに導こうとする、真の宗教家としての姿ではないかと確信するものです。

こうした次元の高い視野で、深見先生は自ら仕事を持ち、予備校経営・商社経営その他に携わりつつ、その合間に本業である宗教活動を貫かれているのです。これは、今までの宗教家になかった革新的な個性であると同時に、やろうとしても為し得なかった能力であり、才能であると言えるでしょう。自由経済社会に生きる民衆の一人として、その呻吟や苦しみを肌で感じながら、その人々を救っていく、それが深見先生と菱研の願いなのであります。

《菱研の主な活動内容と会員特典》
・月例タメカンセミナーへの参加優待・ご招待
・深見所長を囲んでの懇親会（毎月セミナー終了後）
・週刊情報紙ザ・ビジネスウィークリー（毎週ＦＡＸにて送付）
・ボイスジャーナル（毎月ホットな話題にふれた、所長の講義テープ）を毎月送付
・経営に功徳のあると言われる神社の御札を毎月送付
・海外視察
・菱研主催の各種シンポジウムへの特別御優待

・非公開セミナー（経営に功徳のあると言われる神社の、真の活用法を会員のみに所長が解説）
・所長による経営ワンポイント・アドバイスと無料経営相談
・各種社員教育

…ほか。（詳しくはパンフレットをご請求下さい）

★確たる指針と「勇躍の息吹き」を提供する月刊誌、「社長ジャーナル」が95年6月創刊！（菱研会員には、毎月無料送付）
アジア・ヨーロッパの最新情報から、経営を成功に導く各種ノウハウ、社長としての健康管理法にいたるまで、菱研がすべての経営者に贈る「経営者必読誌」です。

★本文中に触れられている、菱研の「社員教育システム」について…
大好評をいただいている、菱研の「社員教育システム」――これは従来の「社員教育」にありがちな、軍隊調の特訓形式のものとはひと味もふた味も違います。

野外にて、ひとりひとりが工夫し協力して、難関をのりこえるトライアルをします。

（体力はさほど必要なし）そして、全員が一致団結してその難関をのりこえた時、ふだんの業務では得られないほどのチームワークと達成感を、全員が体験するのです。

ひとたびこの体験をした社員が、周囲から「まるで別人のように積極的になった」「日々の頑張りが目に見えて違う」と言われる…というアンケートが、続々と寄せられています。

また「社員教育」とかたくるしく考えず、社員旅行としてもご参加いただけます。しかも、普通の社員旅行などより、結束とチームワークがグンと固まる上、通常の旅行ではとても味わえない新鮮な体験ができることでしょう！

また、経営者の方のためのスペシャルコースも用意されています。まずは、ご体験ください。（くわしくは、菱研にお問い合わせください）

入会をご希望の方、パンフレットご希望の方、「社長ジャーナル」講読希望の方は左記へご連絡頂くか、はさみ込みのハガキをご利用下さい。

〒100　東京都千代田区永田町2—10—2　秀和永田町TBRビル203　㈱菱研

☎03—3506—7877　FAX03—3506—7830

たちばな出版の好評書籍群

◎深見東州（青山）の愛蔵版シリーズ

50万部突破！「強運」になれる㊙ノウハウ満載！

強運　愛蔵版　一二〇〇円

強運　新書愛蔵版　九八〇円

神霊家が教える出世と蓄財の道

大金運　愛蔵版　一二〇〇円

大金運　新書愛蔵版　九八〇円

人生、才能、運の法則を明解に解く

大天運　愛蔵版　一二〇〇円

大天運　新書愛蔵版　九八〇円

あなたの因縁がみごとに取れる！

大除霊　愛蔵版　一二〇〇円

大除霊　新書愛蔵版　九八〇円

守護霊を活用すれば、アッ！という間に恋は実る

恋の守護霊　愛蔵版　一二〇〇円

恋の守護霊　新書愛蔵版　九八〇円

神霊世界が手にとるように解かる

神界からの神通力　愛蔵版　一二〇〇円

神界からの神通力　新書愛蔵版　九八〇円

神霊世界に革命を起こす。これが霊界の実相だ！

神霊界　愛蔵版　一二〇〇円

神霊界　新書愛蔵版　九八〇円

読むだけで、みるみる開運

大創運　愛蔵版　一二〇〇円

カセットブック　'93年10月～毎月出版中

マンスリー強運　深見青山講演　各一八〇〇円

開運の
オマケ付

感動の
名講演!!

深見東州(青山)の講演録

カセットブック

各¥1,800

マンスリー強運

(平成7年7月25日現在)

一本で二講演聞けます!!

今、全国書店で売れに売れているカセットブックがある。それがこの『マンスリー強運』。さまざまな分野で世界的に活躍し、注目されている深見東州氏の魅力溢れる講演が、二講演ずつ入っている豪華版。あなたも、このカセットブックを聞いて“強運”になろう!

1 ・失恋をぶっとばせ!　・願いが叶う大原則
2 ・いい結婚、悪い結婚　・素直って何だろう
3 ・1000倍幸せになれる愛され方　・人生を最高に生きる!
4 ・グングン頭の良くなる読書術　・幸せっぱなし人生のススメ
5 ・誰でも必ず幸せになれる秘伝　・確実に成功できるコツの摑み方
6 ・悟りとは考え方の工夫である　・これが天職の見つけ方だ!
7 ・戦国武将に学んで不可能を可能にする!　・「妙」について
8 ・やりたい放題健康法　・究極の恋愛成就法
9 ・学校頭をふきとばせ!　・歓喜にあふれる人生を送るには
10 ・歴代首相に学ぶ<リーダー>の条件　・超能力ブームを斬る!!
11 ・大満足人生を送ろう　・「愛」ってな～に?
12 ・あっと驚く!　スッキリ難問解決法
・海外旅行に行く前に……。知って得する各国の特徴。
13 ・秘伝!　あなたの時間を何倍にもする方法
・ビジネスで次々と成功する秘訣
14 ・驚異!　ビジネスで100倍成功する秘訣
・幸せ呼び込む「七福神」発想法!
15 ・秘伝!　ビジネスで成功する法!!　・永遠の愛について

著者近影

〈著者紹介〉

深見東州（青山）（ふかみ・とうしゅう〔せいざん〕）

㈱菱研所長、ワールドメイトリーダー、ジャパニーズブラインドゴルフ協会理事長。国内・海外合わせて十数社の経営に携わる国際的ビジネスマンである。㈱菱研においては所長を務め、悩める経営者にアドバイスを行っている。単なる理論の域にとどまらない、自らの経営体験と実学ノウハウに基づく実践的なコンサルティングに、救われた企業は数多い。

また、これらの経済活動の傍ら、15歳で世のため人のために生きると決意して以来の「人類救済」の大願を成就すべく、宗教家としての活動を行っている。しかしあくまでも、日常生活の中で神人一体の道を極めることを重視し、大学卒業後建設関係の営業マンを体験した後、26歳の時に会社を設立。

「現代は資本主義の時代、経済の時代。とりわけ、労働人口の８割がサラリーマンと言われる現代日本において、人々が真に求めているものや、その仕事から生まれる呻吟や葛藤を真に理解して救済するには、自らも経済社会の一員として、一社会人としての立場を貫くことが重要。百円の有り難み、千円の大切さを常に忘れぬ宗教者でいたい」と語る著者の姿勢は、アカデミズムの宗教学者からも「革新的・現代的な宗教家」として高く評価されている。

神霊能力者としても著名で、25歳で既に天眼・天耳・他心・運命・宿命・漏尽通力の六大神通力をマスター。守護霊・前世鑑定、星ツアー、救霊、その他300種以上の神法を持つ。会社経営を成功させてきた実践ノウハウの上に、これらが総合的に駆使されるコンサルティングは、まさに神技的な冴えを発揮する。深遠な思想をユーモアをまじえて、わかりやすく説く語り口と、磊落ながらも繊細さもかねそなえた人柄の魅力があいまって、政財界・芸能界・宗教界などの信奉者をはじめ、若者から老人までファン層は厚い。

現在、ワールドメイトリーダーとして宗教活動を続けている。いわゆる霊能者のイメージはまったくない。常識豊かな福祉事業家であり、作詞、作曲、声楽、指揮、舞踊、書道、絵画、能楽、文筆、短歌などに秀でた文化人でもある。

Secret of the Great Development of the Japanese Economy

Published by Tachibana Shuppan, Inc.

Republished in cooperation with toExcel,
a strategic unit of Kaleidoscope Software, Inc.

For information address:
toExcel
165 West 95th Street, Suite B-N
New York, NY 10025
www.toExcel.com

ISBN: 1-58348-059-5

Library of Congress Catalog Card Number: 98-89036

Printed in the United States of America

0 9 8 7 6 5 4 3 2 1

www.ingramcontent.com/pod-product-compliance
Lightning Source LLC
Chambersburg PA
CBHW030919180526
45163CB00002B/398
9781583480595